JN092939

# 動画で学ぶ 二級建築士

## 合格図面の 製図法

神無修二＋最端製図.com 著
Kanna Shuji

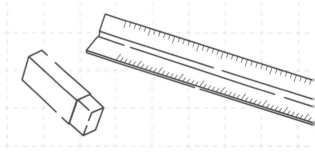

学芸出版社

このテキストは、設計製図試験の主に作図方法と製図に対しての要点や問題の攻略方法をまとめたテキストになっています。エスキースの方法やプランニングの考え方に対しては、『最端エスキース・コード』をご購読いただければと思います。

**二級建築士設計製図試験 最端エスキース・コード**

設計製図試験のルールブック

神無修二・最端製図 .com 著

A4 変判・144 頁・定価 3200 円＋税、学芸出版社発行

はじめに

**温故知新**　古きをたずねて新しきを知る

　過去の問題を知って適切に準備し、正しく、そして、効率よく攻める。

　最端製図.com で通信添削講座を始めてから 17 年、資格学校での講師歴を含めると 20 年以上、この試験の受験指導に携わってきました。また、平成 22 年から 27 年においては、自身でも受験を経験し、受験した全ての年度においてこの設計製図試験に合格してきました。受験をしてきた目的、何だと思いますか。

　それは、

**「合格するためにやらなければならない最低限必要なことは何か？」**

　これを確かめるためです。

　ちなみにですが、プランは 1 時間、作図は 2 時間前後で全ての図面を完成させています。そんな短い時間で作図ができるのかと思われるかもしれません。作図時間が短いのは経験もありますが、最低限必要なものしか記入していないためです。手の動きが速いからではありません。

**「車の記号は描く必要があるのですか？」**

　こんな疑問を抱いている方、もしくは絶対に必要と思っている方は、ぜひ、このテキストを読んでみてください。それから、

**「作図を短時間で描くにはどうすればいいですか？」**

　こう思っている方にもぜひ見ていただきたいです。

　どうすれば短時間で作図ができるようになるか、また、作図上必要なものとそうでないもの、その判断がつくようになると思います。実際、余計なものを作図していて肝心のものが抜けている、そして、そのために減点を受けている、そんな受験生はとても多いです。これは、作図において必要なものとそうでないものをきちんと認識しないで、とりあえず作図を行なっていることが原因と言えます。

　作図において必要なものとそうでないものがわからない。

　これでは、合格することにフォーカスした図面を描くことができませんし、限られた時間を有効に使うことができないと言えます。

　本書では、作図上必要なものとそうでないものの区別を明確にし、また、短時間で効率よく作図する方法を解説しています。作図時間の短縮を図ることは、試験を有利に展開させるために必要不可欠なスキルであるというのは、ほぼ全ての受験生が感じているところだと思います。そのために、このテキストを活用していただければと思います。

　みなさまの試験対策に、少しでもお役に立つことができれば幸いです。

最端製図.com　神無　修二

目 次

# 第一章　作図法ー木造課題 ·············································13

第一章と第二章では作図手順を一から解説しています。時間短縮の方法や、効率よく作図するためのコツ、作図上の注意点、受験生が間違えやすいところなども併せて説明しています。また、動画での説明もありますので、ぜひ参考にしてください。

# 第二章　作図法ー RC 造課題 ·······························71

# 第三章　木造課題ー試験問題とポイント解説 ···········95

第三章と第四章では、過去問題の紹介とポイントの解説を行なっています。

作図方法は全く同じように真似る必要はないです。
いいなと思うところを取り入れるようにしてみてください。

第五章と第六章では、課題の問題事例を紹介しています。課題文からポイントをつかむ練習を行なってください。
問題に慣れていない方は、解説を見て、ポイントを学んでいただければと思います。
第五章と第六章では、実際に課題に取り組んだ方の図面の添削を動画で見ることができます。

本書に掲載されていない年度については、QRコードからインターネットで解説を見ることができます。

令和3年度から階数の指定がないんですよね。階数は本番にならないとわからないことになります。

作図全体の流れがわかる動画となっています。短時間で作図できるヒントがたくさんありますので、ぜひ参考にしてください。

## ■本書の特徴と活用の方法

　第一章と第二章では、作図の基本的な書き順を紹介しています。作図の基本と言うよりは、この設計製図試験に特化した作図法と言ってもいいかもしれません。真白な製図用紙に描く図面とは違う、また、実務で描く図面とは違う、そんな一面がこの試験の製図にはあります。その点を認識した上で、第一章と第三章を見てください。

　第三章と第四章では、過去の試験問題における解答のポイントや解説を行なっています。その年度のポイントやエスキースの考え方などを学習してください。

　第五章と第六章では、木造課題と RC 造課題の例題とその解法を紹介しています。一口に木造の作図、RC 造の作図と言っても、課題ごとにポイントがあり、そのポイントをつかんだエスキースや作図を行なう必要があります。そして、その課題特有のポイントは、問題文を読んでから 10 分から 20 分程度でつかむ必要があります。例題に取り組むことによって、課題のポイントをつかむ練習をしていただければと思います。

　また、全ての課題に対して、添削事例を動画で紹介しています。わかっていても犯してしまいがちな注意点、ミスするポイントなどを学んでいただければと思います。

試験の作図と実務の作図の違う点は、制限時間があるかないかと、用紙に方眼が印刷されているかいないかです。この点を、しっかりと認識した上で、作図の練習を行なうようにしてください。

第三〜六章ですが、問題条件を見て、まずは自分で問題のポイント、
「この問題はここが重要で、自分ならこう解答する」
ということを考えてみてください。
本番の試験ではこれを自分で判断する必要があります。
しかも時間は 60 分程度でです。
このスキルを試験日までに養っておいていただきたいです。
更にできる人はプランニングまで行なってみてください。
より学習効果が高くなると思います。

# 動画を見る方法

　このテキストでは QR コードからサイトにアクセスすることによって、解説動画を見ることができます。

　QR コードが掲載されている問題は、スマホなどで読み取って解説動画のサイトへアクセスしてください。

※ QR コードの読み取りには、専用のアプリが必要です。

※動画はインターネットに接続できる環境でご覧いただけます。

**》》解説動画を見る前に、学芸出版社へ登録をお願いします《《**

1．次の URL へアクセスしてください（右の QR コードからでも可能）。

　https://onl.bz/jni6Ci1

2．必要事項を入力してください。

3．パスワードをメールでお知らせします。

※パスワードは最初に入力するだけで、複数の動画を閲覧できますが、ブラウザがシークレットモード（プライベートモード）になっている場合、その都度パスワードの入力が必要になりますので、ご注意ください。

## 製図試験に必要な道具

シャーペンと消しゴム以外は、絶対に必要なものではありません。
この試験は、フリーハンドで作図することも認められています。
製図板（平行定規）も実は必須ではないです。
ただし、製図板は、用いた方が速くきれいに描けますので、ほぼ
全ての受験生が使用しています。

シャーペン
消しゴム

三角スケール

製図板

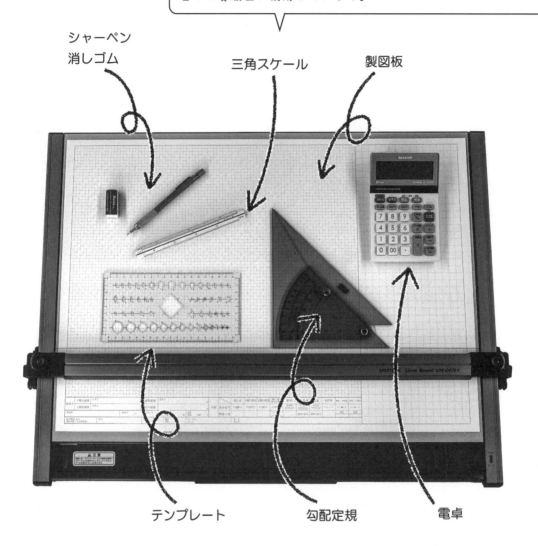

テンプレート

勾配定規

電卓

● 使用が禁止されているもの

・ドラフター

・筆記用具等収納ケース

・吊り器具（用紙などを吊るもの）

・メモ用紙

・電動消しゴム

・プログラミング機能がついた計算機

・設備や家具が描けるテンプレート

・尺貫法に基づくメモリが付いた定規

・破線や点線が描ける定規

など

製図板に傾斜をつける簡易な
枕は使用が可能です。
ただし、製図板の角度は30度
以下とする必要があります。
筆記用具等収納ケースを会場
まで持参するのはOKですよ。

## 基本的な線の引き方

　右手でシャーペンを持つ場合、横線は原則左から右へ引くようにします。定規を上から下に下げながら引いていくと、図面が汚れにくくなります。

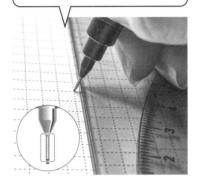

芯ではなくシャーペンの先の部分を定規に当てると、シャーペンの傾きによって線の位置を微調整することができます。
また、図面が汚れにくくなります。

　縦の線は、三角定規（もしくは勾配定規）の左側を使用して、下から上に引くようにします。左から右へ定規を移動しながら引いていくと、図面が汚れにくくなります。描きにくい場合は、三角定規の右側に当てても構いません。特に図面の右端の方を作図する場合は、三角定規が製図板から落ちてしまうので、反対にしてもいいでしょう。

長い線を引く場合は、シャーペンを回しながら引く方法がありますが、あまり意識しなくてもいいでしょう。

線が引けたら次は、

1. 強弱を意識してみよう
2. 点線、破線、一点鎖線を引いてみよう

線の太さを引き分けるために、太さの違うシャーペンを使用する人がいますが、持ち替える時間がもったいなので、あまりオススメはしないです。
0.5ミリ1本で、引き分けることができるようになるのが理想です。

| | |
|---|---|
| ———————————— 下書き線 | ———————————— 実線 |
| ———————————— 細線 | – – – – – – – – – – 点線 |
| ———————————— 中線 | — — — — — — — 破線 |
| ———————————— 太線 | —— - —— - —— - —— 一点鎖線 |

# 建築士になるまでの道のり

建築士になるまでに行なうこと、それと、簡単なアドバイスをお伝えします。

建築士試験を受けるには、受験資格が必要です。受験資格には、学歴（建築系の学校を卒業）もしくは、実務経験があります。

学歴の場合は卒業証明書、実務経験の場合は実務経験証明書が必要です。

## 受験申込み（4月）

以前は、受付会場による申し込み、郵送やインターネットによる申し込みの方法がありましたが、近年ではインターネットのみの受付になっています。申し込みの方法は、その年によって変更される可能性がありますので、必ずセンター※のホームページで確認するようにしてください。

絶対に合格
するもんね〜

## 学科試験対策

試験対策の方法は、主には、学校へ通う方法と独学で行なう方法があります。自分でスケジュール管理、自己管理ができる人は、独学でも十分に合格することができると言えます。

テキストは、『二級建築士はじめの一歩』と『動画で学ぶ二級建築士（学科編）』がオススメです。

### 通学のメリット・デメリット

勉強する環境を強制的に作りたい、もしくは作る必要がある人は通学が向いています。学校に通うことによって、学習する環境が整えられます。また学校は、充実した教材が整えられています。ただし、その分、受講料が高額なのがデメリットです。

## 設計課題発表（6月）

その年に行なわれる設計製図試験の設計課題が発表されます。

発表されるのは、主に、建物の用途、構造、階数、要求図書などですが、年度によって多少変更されることがあります。

例　設計課題「屋外テラスのある専用住宅（木造2階建）」
　　要求図書：1階平面図兼配置図　2階平面図　矩計図　立面図
　　　　　　　2階床伏図兼1階小屋伏図　面積表　計画の要点

### 独学のメリット・デメリット

主に市販されている参考書や問題集などを用いて独学で行なう試験対策のメリットは、費用が安くおさえられるということです。デメリットは、自己スケジュール管理ができないと試験対策が進まないということです。自己管理ができる人は、費用を抑えられる分、学科試験の対策は独学の方がいいかもしれません。学科試験は独学で合格している人も多いです。

## 学科試験（7月）

ここ数年は、7月の第1日曜日に学科試験が行なわれています。

科目は、計画、法規、構造、施工の4科目。各科目25問ずつで合計100点となっています。合格ラインは、年度によって調整されることもありますが、概ね総合点が60点、各科目の合格点は13点です。過去問演習を行なう場合は、正解率8割以上が合格の目安となります。

※建築技術教育普及センター
建築士試験の運営を行なう機関。試験日程や概要などをホームページ上で確認することができます（本書では「センター」と略します）。

## ■製図道具をそろえよう！

製図に必要な道具をそろえます。学科試験が終わってからでもいいですが、できれば、早めに準備しておきましょう。

近年は、学科試験対策と並行して、製図試験の対策も行なっている人が多いです。学科試験対策に余裕がある人は、製図の練習もできるだけ行なっておくといいかもしれません。

### 製図試験対策

製図試験に対しては、ここでもう一度、学校に通うか独学で行なうかという選択肢が出てきます。ちなみに、製図試験対策においては、独学を選択する人の割合はとても少なく、多くの方が学校で学ぶ学習方法を選択しています。

その理由ですが、試験問題に対する解答が明確でないことが挙げられます。数学の問題と違い、自己判断による解答は、正しい場合もありますが、間違っている可能性もあります。また、それがどの程度適切な解答なのか、どの程度不適切なのかがかわかりません。その判断が間違っていれば、何回受験しても合格できない可能性があります。

### 一次試験合格発表（8月）

学科試験の合格発表が製図試験の20日くらい前に行なわれます。一次試験の合格者は、今後行なわれる5回（5年）の製図試験のうち、3回を選んで受験することができます。

### 製図試験（9月）

いよいよ製図試験です。これまでの学習の成果を存分に発揮してください。

試験時間は、11時から16時まで。5時間という長丁場になります。体力も必要です。

試験会場には、開始1時間前の10時くらいから入室することができます。

試験時間を5時（17時）までと思う人が時々いますので、注意してください。

### 準備期間の目安

経歴にもよりますが、建築系の学校を出た人でしたら、その年の1月くらいまでに始めれば、学科と製図の両立が可能です。4月くらいからスタートする人は、学科試験だけで手一杯になると思います。

製図試験は、3年に一度の割合でRC造の課題となっています。平成18年以降、RC造課題は、3で割れる年、平成18年、21年、24年、27年、30年、令和3年、以上の年度がRC造課題で、それ以外の年度が木造課題となっています。

### 製図試験対策は合格発表前から

製図試験は学科試験に合格しなければ受験することができませんが、合格発表を待っていては、製図試験に間に合いません。学科試験が終わりましたら自己採点を行ない、合格ラインを超えていそうであれば製図試験の対策を始めます。学科試験から製図試験までの間は70日しかありません。1日も早く、試験対策を始めたいところです。

## ■試験会場について

● 試験会場は大学の講義室がよく使用されますが、大学の机は奥行きが狭いので、その対策が必要になる場合があります。

● 試験中は道具類のチェックが行なわれます。試験で使用が認められていない道具は使用できませんので注意が必要です。

● 問題用紙は、試験終了まで在席していた人に限り、持ち帰ることが可能です（多くの人は、下書き用紙にプランを残しています）。

● 携帯電話やその他通信機器などの使用は当然認められていません。電源を切って、所定の袋に入れて封をしておきます。

> 試験は長丁場なので、途中でトイレに行くことが可能です。手を挙げて試験監督に伝えてください。
> また、試験中はペットボトルなどでの水分補給も可能です。

### 二次試験合格発表（12月）

合格者の受験番号は、センターのホームページで発表されます。また、合格者にも不合格者にも葉書での通知が自宅に届きます。

受験生の答案は、採点後4つのランクに分けられます。ランク I が合格で、II からIVが不合格となります。

### 建築士登録

建築士になるための登録手続きを行ないます。

合格通知書に必要な書類や手続きの方法などが書かれていますので確認してください。また、登録の際には費用も必要になります。

ランク I ：知能及び技能を有する
ランク II ：知能及び技能が不足
ランク III ：知能及び技能が著しく不足
ランク IV ：重大な不適合に該当

その他、受験要領の詳細は、センターのホームページにおいて確認することができます。

※「知識及び技能」とは、二級建築士として備えるべき建築物の設計に必要な基本的かつ総括的な知識及び技能をいいます。

試験に合格しても、まだ建築士ではないですよ。

※センターのホームページにて次のような案内があります。

> 5）受験特別措置
> 身体に障がいがあるため、受験に際し、特別な措置（座席の配慮、試験時間の延長、ドラフターの使用、コンピューターの使用による解答方式等）を希望する方は、受験申込画面において、「受験特別措置希望有無」欄にチェック（レ点）を入れ、障がいの症状と希望する配慮の内容を入力し、特別措置申請書等を郵送にてお送りください。（なお、障がいの程度、試験場の都合等により希望する措置を受けられない場合があります。）
> ※妊娠により、座席の配慮等を希望する場合も上記と同様です。

# 第一章
# 作図法－木造課題

・問題用紙（例題）
・出来上がったプラン図
・平面図
・2階床伏図兼1階小屋伏図
・断面図
・立面図（南立面図）
・矩計図

はじめての人は、全ての図面を描くのに10時間くらいかかるかもしれません。でも、練習すれば必ず制限時間内に描けるようになりますよ。

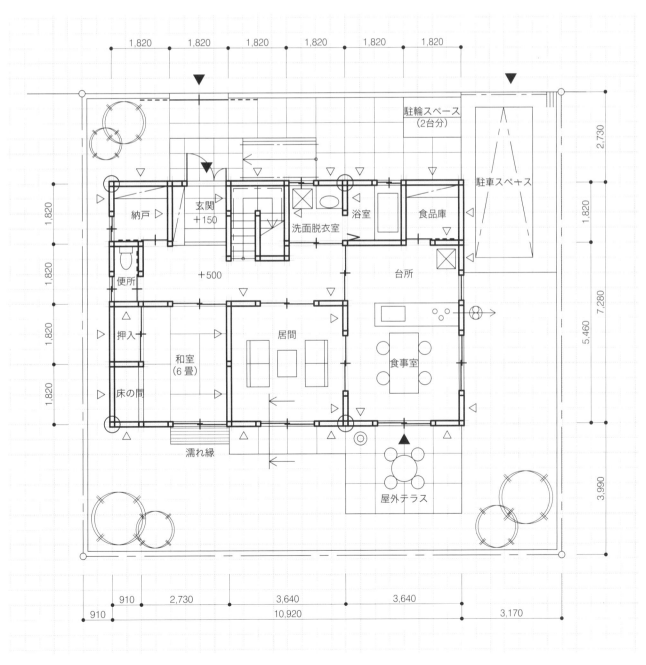

## 設計課題「屋外テラスのある専用住宅（木造2階建て）」

### 1. 設計条件

ある地方都市の住宅地において、屋外テラスのある専用住宅を計画する。

計画に当たっては、次の①〜②に特に留意する。

①敷地の有効利用を考慮した配置計画とする。

②屋外テラスを設け、食事室から直接行き来できるようにする。

#### (1) 敷地

ア．形状、道路との関係、方位等は、右図のとおりである。

イ．第1種住居地域内にあり、防火・準防火地域の指定はない。

ウ．建ぺい率の限度は60％、容積率の限度は200％である。

エ．地形は平たんで、道路及び隣地との高低差はなく、また地盤は良好である。

オ．電気、都市ガス、上水道及び公共下水道は完備している。

#### (2) 構造及び階数

木造2階建てとする。

#### (3) 延べ面積

延べ面積は、「150 m² 以上、190 m² 以下」とする。

（ピロティ、玄関ポーチ、屋外テラス、屋外スロープ、駐車スペース、駐輪スペース等は、床面積に算入しない。）

#### (4) 家族構成

夫婦（50歳代）、子ども1人（女子中学生）

できれば
プランニングに
挑戦してみよう！

#### (5) 要求室等

下表の全ての室等は、指定された設置階に計画する。

| 設置階 | 室 名 等 | 特 記 事 項 |
|---|---|---|
| 1階 | 玄 関 | ・式台及び下足入れを設ける。 |
| | 居 間 | ・日照に配慮する。 |
| | 食事室・台所 | ア．キッチンは対面キッチンとする。<br>イ．テーブル（4席）を設ける。<br>ウ．屋外テラスと直接行き来ができるようにする。 |
| | 食 品 庫 | |
| | 和 室 | ア．広さは、6畳以上とする。<br>イ．床の間及び押入、濡れ縁を設ける。 |
| | 便 所 | |
| | 洗面脱衣室 | |
| | 浴 室 | |
| 2階 | 夫婦寝室 | ア．洋室 16 m² 以上とし、収納（3 m² 以上）を設ける。<br>イ．書斎コーナーを設ける。 |
| | 子ども室 | ・洋室とし、収納を設ける。 |
| | 洗 面 所 | ・コーナーとしてもよい。 |
| | 便 所 | |
| 適宜 | 納 戸 | ・面積は、3 m² 以上とし、棚を設ける。 |

（注1）各要求室等において、床面積・広さの指定がない場合、床面積は適宜とする。

（注2）住宅部分の階段は、安全を確保するために、以下の計画とする。

・蹴上げの寸法を180 mm 以下、踏面の寸法を225 mm 以上とする。

（踏面の寸法は、回り階段の部分の場合、踏面の最も狭いほうの端から300 mm の位置において確保する。）

**（右欄の注記）**

- 日照に配慮は、日当たりの良い南側に。
- 濡れ縁は屋外に設けるものです。屋内に設ける縁側と間違えやすいので注意。
- コーナーは壁で囲わない空間です。16 m² の中に、書斎コーナーがあればOKです。
- 踊場に段を設ける場合は、45度としてください。30度にすると、踏面を確保できません。

#### (6) 屋外施設等

屋外に下表のものを計画する。

| 屋外テラス | ア．面積は、9 m² 以上とする。<br>イ．食事室と直接行き来ができるようにする。 |
|---|---|
| 屋外スロープ | ・敷地内の通路の計画において高低差が生じる場合は、スロープ（勾配は 1/15 以下）を設ける。 |
| 駐車スペース | ・乗用車1台分を設ける。 |
| 駐輪スペース | ・自転車2台分を設ける。 |

1/15 以下の場合は、高さ×15 以上の長さが必要です。

**（敷地図）**

宅　地

道　路

隣地

敷　地
（210.00 m²）

隣地

隣　地

6.000m

14.000m

15.000m

N

敷地図（縮尺：1/500）

## 2. 要求図書

a. 下表により、答案用紙の定められた枠内に記入する（寸法線は、枠外にはみだして記入してもよい）。

b. 図面は黒鉛筆仕上げとする（定規を用いなくてもよい）。

c. 記入寸法の単位は、mm とする。なお、答案用紙の1目盛は、4.55mm（矩計図にあっては、10mm）である。

d. シックハウス対策のための機械換気設備等は、記入しなくてよいものとする。

> 作図レイアウト注意。枠からはみ出さないように。
> 定規を用いなくてもよい。つまり、フリーハンド OK です。

| 要 求 図 書<br>（ ）内は縮尺 | 特 記 事 項 |
|---|---|
| (1) 1 階 平 面 図<br>兼<br>配 置 図<br>(1/100)<br><br>(2) 2 階 平 面 図<br>(1/100) | ア．1階平面図兼配置図及び2階平面図には、次のものを記入する。<br><br>・建築物の主要な寸法<br>・室名等<br>・「通し柱」を○印で囲み、「耐力壁」には△印を付ける。<br>　（注）「耐力壁」とは、筋かい等を設けた構造上有効な壁をいう。<br>・矩計図の切断位置及び方向<br><br>イ．1階平面図兼配置図には、次のものを記入する。<br><br>・敷地境界線と建築物との距離<br>・道路から建築物へのアプローチ、屋外テラス、屋外スロープ、駐車スペース、駐輪スペース、門、塀、植栽等<br>・道路から敷地及び建築物への出入口には、▲印を付ける。<br>・1階の廊下及び玄関の土間部分の地盤面からの床高さ<br>・居間…ソファ（4席）<br>・食事室・台所…台所設備機器（流し台・調理台・コンロ台・冷蔵庫等）<br>・食品庫…棚<br>・便所…洋式便器<br>・洗面脱衣室…洗面台、洗濯機<br>・浴室…浴槽<br><br>ウ．2階平面図には、次のものを記入する。<br><br>・1階の屋根伏図（平家部分がある場合）<br>・夫婦寝室…机、椅子、ベッド（計2台）<br>・子ども室…ベッド、机、椅子<br>・洗面所…洗面台<br>・便所…洋式便器 |
| (3) 2 階 床 伏 図<br>兼<br>1 階 小 屋 伏 図<br>(1/100) | ア．主要部材（通し柱、1階及び2階の管柱、胴差、2階床梁、桁、小屋梁、火打梁、棟木、母屋、小屋束など必要なもの）については、凡例の表示記号にしたがって記入し、断面寸法（小屋束を除く。）を凡例欄に記入する。ただし、主要部材のうち、平角材又は丸太材としたものについては、その断面寸法を図面上に記入する。なお、根太及び垂木については、記入しなくてよい。<br>イ．火打梁の代わりに、構造用面材による床組とする場合には、胴差、床梁、桁を記入したうえで構造用合板の厚さ、釘の種類・打ち付け間隔を明記する。<br>ウ．その他必要に応じて用いた表示記号は、凡例欄に明記する。<br>エ．建築物の主要な寸法を記入する。 |
| (4) 立 面 図<br>(1/100) | ア．南側立面図とする。<br>イ．建築物の最高の高さを記入する。<br>ウ．床下換気口（又は、これに代わるもの）を記入する。 |
| (5) 矩 計 図<br>(1/20) | ア．切断位置は、1階及び2階の外壁を含む部分とし、1階又は2階の少なくともどちらかに開口部を含むものとする。<br>イ．作図の範囲は、柱心から1,000mm以上とする。<br>ウ．矩計図として支障のない程度であれば、水平方向及び垂直方向の作図上の省略は、行ってもよいものとする。<br>エ．主要部の寸法等（床高、天井高、階高、軒高、軒の出、開口部の内法、屋根の勾配）を記入する。<br>オ．主要部材（基礎、土台、胴差、2階床梁、2階根太、桁、小屋梁、母屋、垂木など必要なもの）の名称・断面寸法を記入する。<br>カ．床下換気口（又は、これに代わるもの）の位置・名称を記入する。<br>キ．アンカーボルト、羽子板ボルト等の名称・寸法を記入する。<br>ク．屋根（小屋裏が外気に通じている場合は、屋根の直下の天井）、外壁、その他必要と思われる部分の断熱・防湿措置を記入する。<br>ケ．室名及び内外の主要な部位（屋根、外壁、床、内壁、天井）の仕上材料名を記入する。 |
| (6) 面 積 表 | ア．建築面積、床面積及び延べ面積を記入する。<br>イ．建築面積及び床面積については、計算式も記入する。<br>ウ．計算結果は、小数点以下第2位までとし、第3位以下は切り捨てる。 |

> 作図内容は、毎年定番のものと、その年だけのものがあります。特にその年特有のものは要チェックです。

> 「平家部分がある場合」と記載されている場合は、総2階建ての計画でもいいということになります。解答のプランに平家部分が必ずできる場合は、この記載がありません。

> 立面図は南面が多いですが、違う可能性もあります。しっかりチェックしましょう！

> 作図する図面は、年度によって変更になる場合があります。
> 矩計図がなく、部分詳細図と断面図が要求されていた年度も過去にはありました。
> 断面図が出題される可能性もあります。

## ■出来上がったプラン図

はじめのうちは、プランができても開口部や柱の位置を決めておかないと作図ができないかもしれませんが、慣れてくると、作図をしながら開口部や柱の位置を決めることができるようになってきます。作図を時間内に完成させるために、また、できるだけ余裕を持って作図を終わらせるために、開口部や柱の位置は、できるだけ作図をしながら考えることができるようになっておきたいと言えます。

とはいえ、開口部の位置や柱の位置は、考えるというよりも、ある程度ルールがありますので、そのルールを知っていればすぐに決めることができます。また、そのルールに当てはまらない場合、もしくは迷った場合は、どの位置でもいいと考えてください。その配置がよほど不適切であると採点者が判断しなければ、減点されることはありません。

### 減点されるプランとは?

・問題条件に違反している

・建築基準法に違反している

・不適切な動線計画

・不適切な配置計画

・一般的に考えて明らかに不適切

などです。

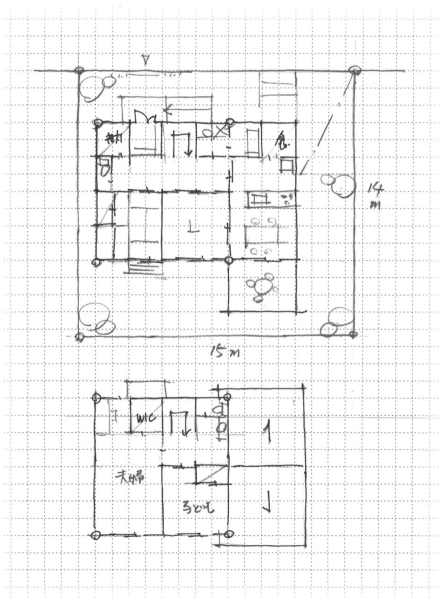

作図に慣れた人は、左のようなプラン図から作図を開始します。窓の位置や柱の位置は、間取りができた時点で概ね決まっています。また、決まらないところについては、作図しながら判断していきます。

1階の窓の位置に悩んだ場合は、2階のプランより、2階床大梁がかかるところを考えてみます。大梁の両端には、1階の柱があることが好ましいので、そこに柱を設置した上で可能なところに窓を設けるようにするといいでしょう。ただし、絶対にそうしなければいけないという訳ではありません。

### 窓の幅は1,820mmか910mmに

居室の窓は1,820mm、それ以外の小さい部屋の窓は910mmとしてください。そのように決めておくと、時間短縮を図ることができたり、ミスも少なくなります。

## 平面図

出来上がったプランに基づいて平面図を描きます。

まずは、壁の厚みを下書き線で引きます。壁の厚みは 150 mm で作図してください。図面上では 1.5 ミリの幅になります。

壁の中心線を引く方法もありますが、印刷されている方眼を利用し、時間短縮のために、中心線は省略するようにします。

下書き線は、できるだけ薄い線で

**下書き線は、作図をするために必要な線ですが、最終的に図面として必要な線ではありません。できるだけ薄く、また細く引くようにしてください。**

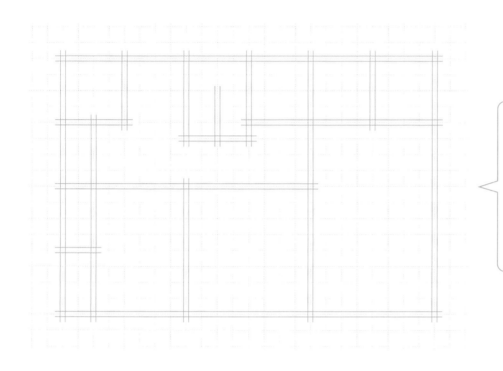

試験の答案用紙には、4.55 ミリの方眼が実線で印刷されています。
本書では、点線としていますが、試験では実線で割と濃い線です。そのため、中心線を薄く引いてもわかりにくいので、はじめから壁の厚みの位置に下書き線を引いていきます。

**作図上達、時短のコツ ▶ 壁の厚みを取る練習をしよう！**

目分量で壁の線を引く練習をしてください。はじめはテンプレートで 1.5 ミリ角の四角を描いてから、その厚みになるように練習をするといいでしょう。慣れてくると、均一な厚みで描けるようになってきます。

この技術を習得すると、伏図でも活かされます。

はじめは四角を描いて、それに合わせて引く。感覚をつかんできたら四角なしで引いてみる。

※実際のスケール

建具の位置は、はじめのうちは決めて（考えて）おいてもいいですが、慣れてくると作図しながら決めることができるようになってきます。できるだけ、作図しながら考えることができるようになってください。
建具の設け方は、ある程度ルールがあります（p.18 参照）。また、自由に考えることができる部分もありますので、あまり悩まないでください。時間がもったいないです。

## ● 開口部の位置を確認する

　開口部の位置が決まれば、壁を描くことができます。したがって、まずは、開口部の位置を確認します。開口部の両端は、原則柱を設けますので、その柱も記入しておきます。強い線で引いてください。

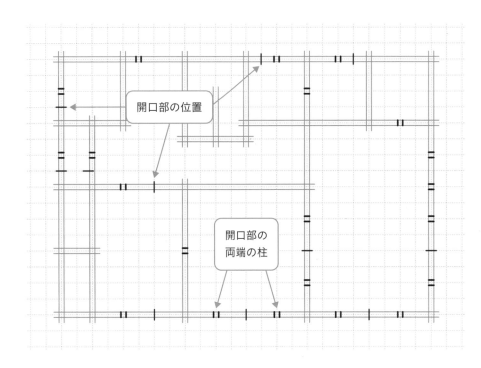

開口部の位置

開口部の両端の柱

**建具位置の原則**

部屋の出入口の位置は、原則、玄関や階段に近い位置とします。窓は基本どこでもいいですが、建物のコーナーは耐力壁にしたいので避けてください。それと、1階は柱を設けたい位置（2階床梁が架かるところ）を優先して窓を設けるようにするとベターです。

扉か引戸はどちらでも OK です。ただし、バリアフリーの観点から言うと引戸又は引違い戸の方が有利になります。

住宅の便所は、引戸にするか、扉にする場合は外開きに。

寝室の出入口は、扉にする場合は、原則内開きに。もちろん、引戸もしくは引違い戸でも OK です。

## 柱を入れるところはここ

　柱が必要なところは、原則、次の3か所です。

1. 建具の両側
2. 壁と壁が合わさるところ
3. 1,820mm を超えて柱がない部分

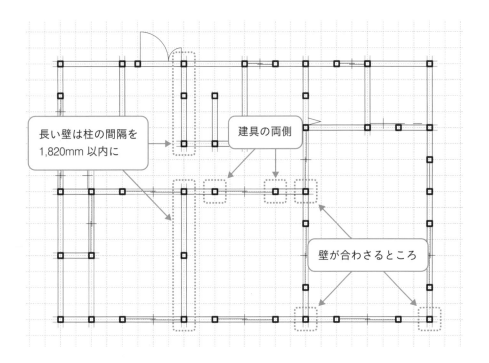

長い壁は柱の間隔を1,820mm 以内に

建具の両側

壁が合わさるところ

**テンプレートで柱を描く方法**

テンプレートの1.5ミリの四角を使って柱を描く方法がありますが、壁の位置とずれたり、壁の線と太さが違ったりして、見栄えが良くない場合がありますので、あまりオススメはしません。

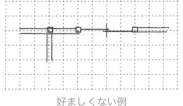

好ましくない例

## ● 建具と壁を記入する

建具と壁を描いていきます。強い線で引いてください。

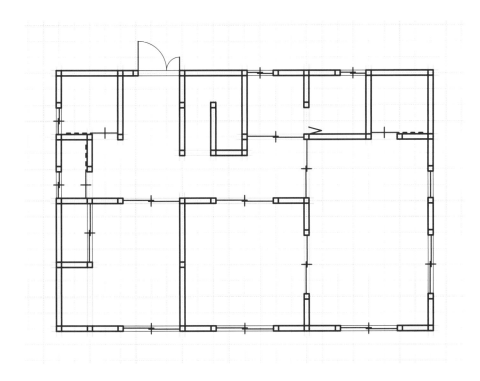

壁が合わさるところの柱は、
2つの壁を描くと、柱が勝
手にできてしまいますね。

**時短のコツ** ▶ 柱と建具、壁の作図は端から攻める

　全ての開口部を確認してから壁を描いてもいいですが、開口部の位置を確認した
ら、その都度、その部分の壁を描いていくと、定規の移動が減り、時間の節約につ
ながります。

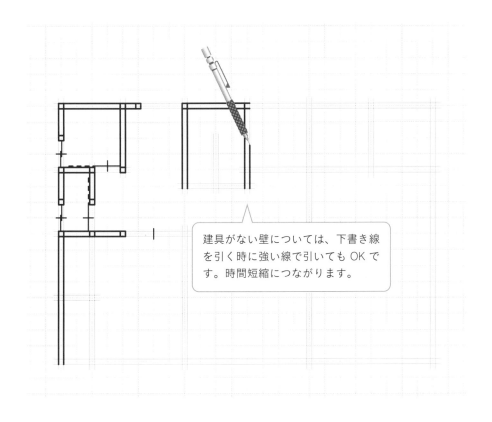

建具がない壁については、下書き線
を引く時に強い線で引いても OK で
す。時間短縮につながります。

**定規の移動**

定規はなるべく上から下、そし
て左から右へ移動するようにす
ると、図面が汚れにくくなりま
す。

**1・2階、同時に描くのは有効？**

1階と2階を並行して作図する
方法があります。人によって速
くなるかもしれませんが、反対
に遅くなる場合もありますので、
何回か試してみて、自分が描き
やすいと思ったり、速く描ける
と思った方法で作図するように
してください。

## ● 玄関と階段の作図

玄関と階段を作図します。玄関と階段は、ほぼ必ずと言っていいほど、作図が必要になる部分です。

階段の段板は、1階については途中で省略し、2階（最上階）については、全て記入するようにします。

### 玄関と1階（最下階）の階段の表現

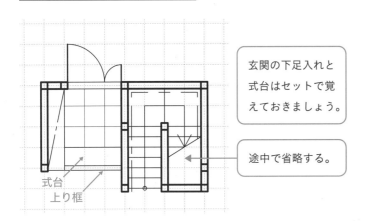

式台
上り框

玄関の下足入れと式台はセットで覚えておきましょう。

途中で省略する。

**階高÷段数**

これで蹴上寸法が求まります。住宅の場合は、230mm以下とするという決まりがあります。また、問題で180mm以下とするなどの条件が出る場合がありますので、段数には注意するようにしてください。

### 2階（最上階）の表現

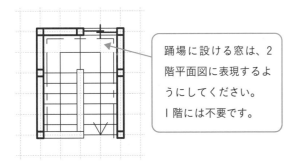

踊場に設ける窓は、2階平面図に表現するようにしてください。1階には不要です。

### 蹴上寸法指定（過去に出題あり）

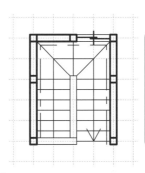

蹴上高さを180mm以下となるようにした階段です。合計で17段になっています。

3,000÷17＝176.5mm

### 階段の誤った表現

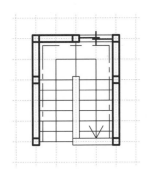

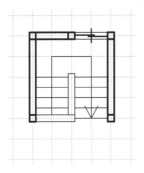

上がってきたところに壁や手すりがある。

段数が足りていない。手すりの記入がない。

一番大きなミスは、1階と2階で階段の位置がずれていることです。合格の可能性はなくなると言えそうです。

● 家具などの記入　その1（まずは、ほぼ毎年必要なもの）

　家具類は、毎年必要になるものとそうでないものがあります。毎年必要になるものは覚えてください。下の図に描かれている家具類は、ほぼ毎年、作図の要求があるものです。

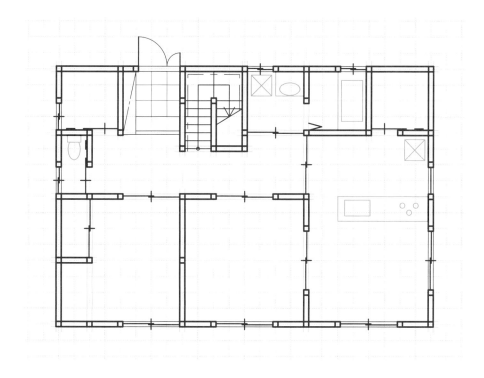

　　必ず必要となる家具類は、キッチンの台所設備機器（流し台・調理台・コンロ台、冷蔵庫）、洗面脱衣所の洗濯機と洗面台、浴室の浴槽、便所の洋式便器などです。

　　和室を計画する場合は、畳の表現をします。畳縁までは表現しなくてもいいでしょう。

　　家具の名称の記入は絶対ではありません。
　　下足入れ、式台、ソファなど文字を記入してもいいですが、問題条件としては、文字の記入までは求められていません。「樹木」など、名称の記入が求められる時もあります。その場合は、もちろん記入が必要です。

● 家具などの記入　その2（その年度特有のもの）

　その問題に限り必要なもの、それらを記入します。納戸や食品庫に設ける棚、居間のソファなどです。

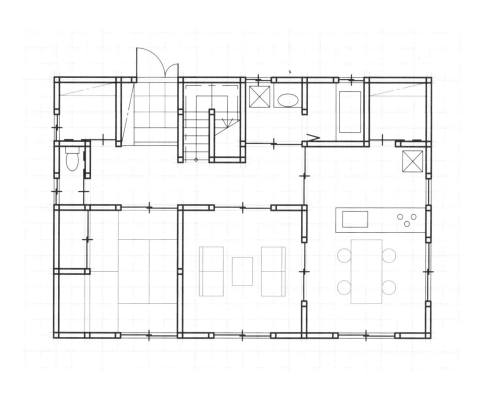

　　寝室のベッド、子ども室の机やいすなどは、記入してもいいですが、記入の条件がなければ、原則は不要です。記入の条件がないものに対しては、記入しなくても減点になることはありません。

記入の条件がない家具を
描いても、特に問題はあ
りません。

# 製図記号 家具・建具の記入例

## ■線の種類

### 下書線 ————————————————

補助線やヘアラインとも言います。本来、図面には必要のない線なので、できる限り薄く、また必要最小限に引くようにしてください。

### 太 線 ━━━━━━━━━━━━━━

主には断面を表現する線になります。平面図の壁や柱、断面図の作図はこの太線で引くようにしてください。シャーペンはやや立てて引くといいでしょう。

### 中 線 ————————————————

太線以外の見え掛かりなどに使用します。

### 細 線 ————————————————

一番細い線です。目地やハッチングなどに使用します。
その他、点線、破線、一点鎖線など

基本は1本のシャーペンで線の強さを引き分けるために、芯の太さが違う複数のシャーペンを使う人がいますが、短時間で作図をするという点においては不利になります。1本のシャーペン（基本は0.5ミリ）で、強くて太い線と細い線を引き分けることができるようになると有利です。練習すれば、ある程度はできるようになります。

建具については、
**「引戸又は引違い戸とする。」**
という条件が出題される可能性があります。これはバリアフリーの観点によるものです。開き扉にするという条件は、過去にありません。

## ■開口部の種類

### ○扉

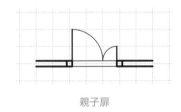

親子扉

片開き扉

### ○戸、窓

引違い戸

片引戸

2枚引戸

間口が狭い場合で開口幅を広くしたい時に用います。

滑り出し窓

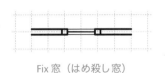

Fix 窓（はめ殺し窓）

片引戸は、一般的には部屋側に引き込むことが多いですが、廊下側になっても大丈夫です。

○台所設備機器

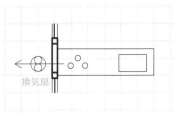

キッチン

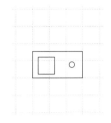

ミニキッチン

流し台

キッチンは、幅 2,700 mm、奥行き 700 mm 程度とします。コンロの丸は、1.5 ミリを使用してください。給気口を記入する場合は、4 ミリと 2 ミリの丸を使って下図のように記入します。換気扇とは離れた位置が好ましいです。

給気口

○洗面所、便所、浴室

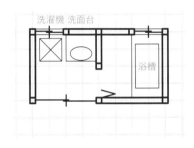

洗面台は 6 ミリの楕円を使用します。洗濯機は 6 ミリの四角を使用してください。

洋式便器は、4 ミリの四角と 5 ミリの楕円を使って描きます。4.5 ミリと 6 ミリでも OK です。

○家具

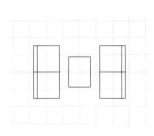

ソファセット

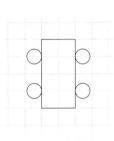

テーブルと椅子

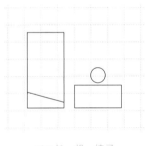

ベッド、机、椅子

椅子の丸はテンプレートの 4 ミリを使ってください。

車の記号は必ずしも必要ではないですが、記入した方が図面の印象は良くなります。大きさは、1,800 mm × 4,500 mm くらいで記入してください。

○植栽、駐車スペース

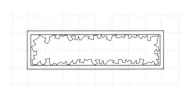

植栽（植込み）

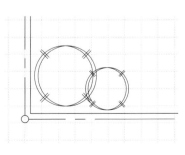

植栽（中低木）

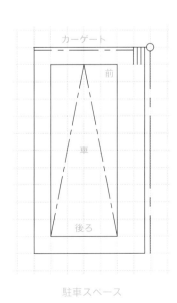

駐車スペース

植栽は、どうしても時間がない場合は、下図のように○を描くだけでも OK です。

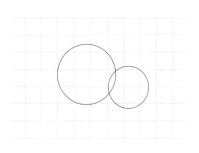

## ●通し柱と耐力壁（△印）の記入

　通し柱は、4ミリまたは5ミリの円、耐力壁は、3ミリの三角を使用します。時間がない場合は、耐力壁の△印はフリーハンドでもOKです。

　筋かいは、片方に入れる場合とたすき掛けに入れる場合がありますが、作図上区別する必要はありません。

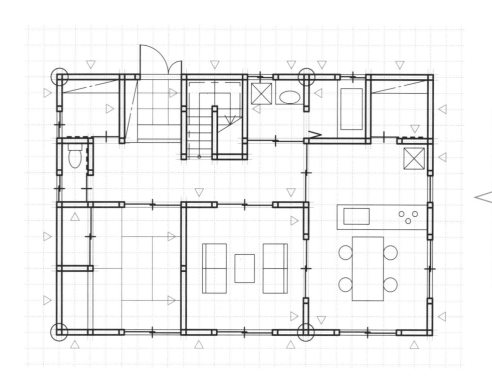

> 通し柱は、原則、2階平面の角（出隅部分）に入れるようにします。1、2階同じ位置に記入してください。
>
> 通し柱ですが、基準法上は、絶対に必要なものではないですが、試験では記入が求められますので、原則、記入するようにします。

## 耐力壁を入れるポイント

　必要な量は計算で求めることができますが、計算まではする必要はありません。バランスよく入れるようにしてください。

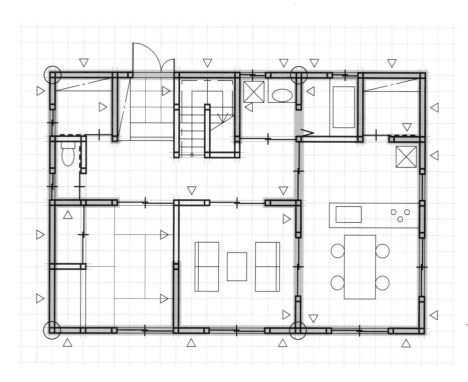

> ── この位置を意識しよう！ ──
> ☑ 1階の出隅部分
> ☑ 2階の出隅部分（同じ位置の1階部分）
> ☑ 外壁部分（L字やT字に入れる）
> ☑ 1、2階はそろえてもいいですが、絶対ではありません
> ☑ 風圧力に対して壁量を計算した場合、桁行方向より張間方向の壁量が多く必要になります。

> 耐力壁はその強さによって5倍までの倍率が認められますが、軸組の種類まで表現する必要はありません。

● **室名などの記入・矩計図の切断位置の記入**

　問題用紙の（5）要求室の表に書かれている室名の全てを答案用紙に記入してください。

　床高さの記入が求められている場合は、床高さを記入します。

**室名は問題文の通りに**

室名は、便所をトイレと記入してもだめですし、夫婦寝室を夫婦室と記入してもいけません。問題文に書かれている通りに記入してください。

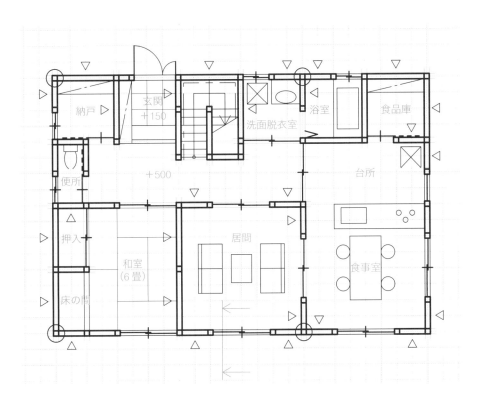

● **室名のチェック**

(5)　要求室等

　下表の全ての室等は、指定された設置

| 設置階 | 室 名 等 | |
|---|---|---|
| 1　階 | 玄　　　関 | ✔ 式台及びド… |
| | 居　　　間 | ✔ 日照に配慮… |
| | 食事室・台所 | ア．キッチン…<br>イ．テーブル…<br>✔ ウ．屋外テラ… |
| | 食　品　庫 | ✔ |
| | 和　　　室 | ア．広さは、6…<br>イ．床の間及び… |
| | 便　　　所 | |
| | 洗面脱衣室 | |
| | 浴　　　室 | |
| 2　階 | 夫　婦　寝　室 | ア．洋室16m…<br>イ．書斎コー… |
| | 子　ど　も　室 | ・洋室とし、… |
| | 洗　面　所 | ・コーナーと… |
| | 便　　　所 | |
| 適　宜 | 納　　　戸 | ・面積は、3m… |

(注1)　各要求室等において、床面積…
(注2)　住宅部分の階段は、安全を確…
　　　・蹴上げの寸法は180mm以下、踏面…

室名のチェックは、問題用紙の（5）要求室のところで行ないます。問題通りの名称が図面に書かれているかチェックします。

ここで要求室が計画されていないことに気付くことがあります。この段階でプランをやり直すには時間がなく無理だと思いますので、要求室の有無については、プランができた時に確実にチェックしておいてください。

何度もプランを直していると、部屋がなくなっていることがあるんですよね。

## ● 寸法線の記入

　寸法線は、原則は4方向に記入します。どうしても時間が無い場合は2方向（下側と右側）でも可能です。

## ● 外構の記入

　求められている屋外施設を記入します。

　駐車スペースは、車の記号を記入するとベターですが、必ずしも必要ではありません。記入する場合は、車の大きさで記入するようにしてください。車の記号を駐車スペースの大きさで記入するのは誤りです。

この図面は、縮尺1/100になっています。実際に解答する大きさと同じです。

**縮尺：1/100**

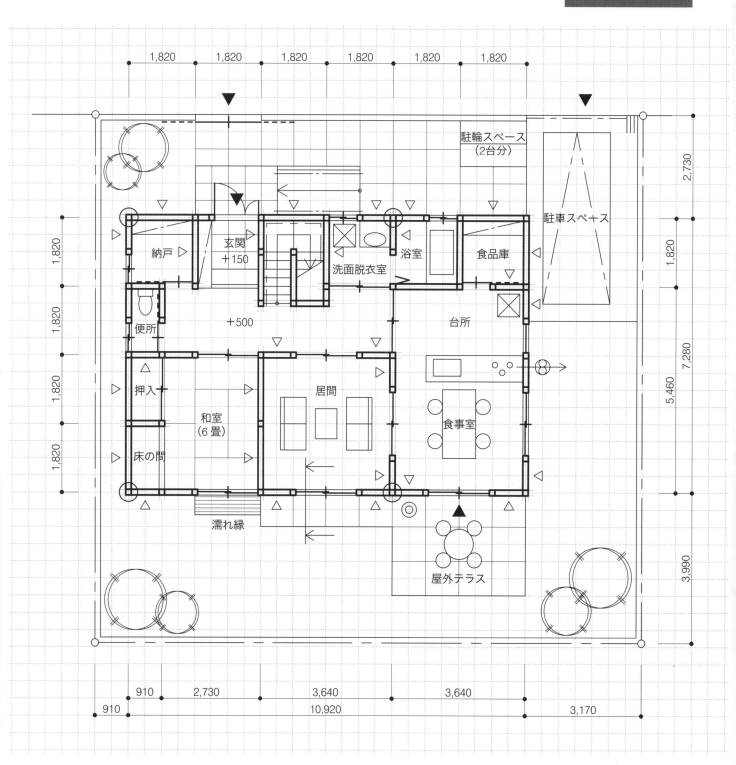

## ■2階平面図

2階平面図は、作図位置（レイアウト）に注意してください。1階平面図は、敷地図が答案用紙に印刷されていますので、プラン通りの位置に作図をすればいいですが、2階平面図を描くところには敷地図が印刷されていません。平家部分がある場合は、屋根伏図が必要になりますので、屋根伏図まで図面枠に納まるようにレイアウトしてください。

この図面も縮尺1/100です。作図する場合は、この通りの大きさで作図してください。

屋根の勾配を表す矢印を忘れないでください。

収納には、収納と文字を記入してもいいですし、一点鎖線で斜線を引いても構いません。

縮尺：1/100

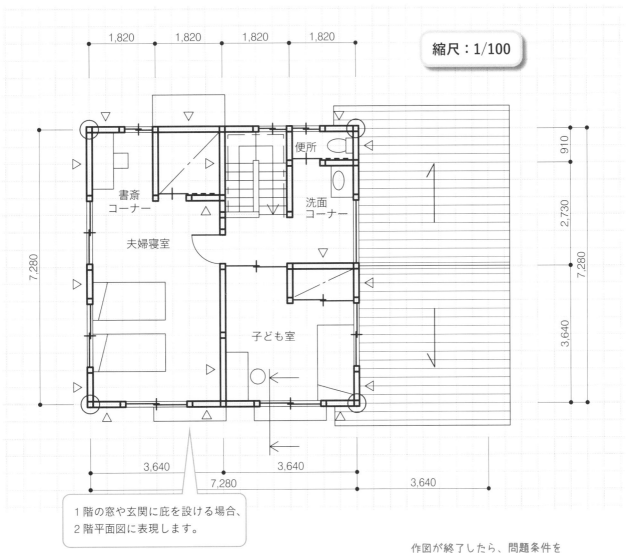

縮尺：1/100

1階の窓や玄関に庇を設ける場合、2階平面図に表現します。

作図が終了したら、問題条件を必ず確認してください。描き忘れているものがあるはずです。

1. 寸法線を4方向ではなく、2方向だけにする（原則、下と右）。
2. 車の記号を描かない（斜線で表現）。
3. 植栽を簡略化したりフリーハンドで描く。
4. 目地の間隔を大きくする。
5. 屋根の仕上げラインを省略する。
6. 耐力壁の△印をフリーハンドで描く。
7. 庇を設けない（立面図や断面図、矩計図からもなくす）。

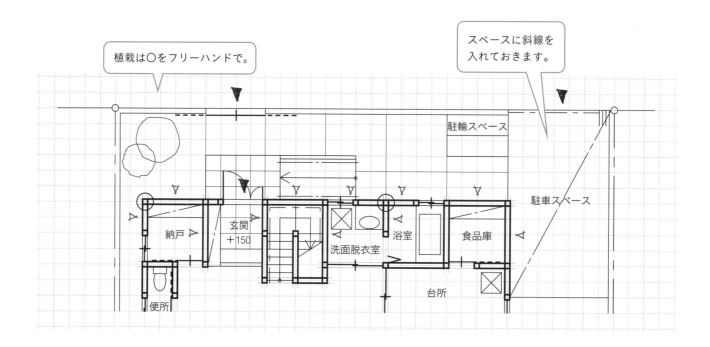

植栽は○をフリーハンドで。

スペースに斜線を入れておきます。

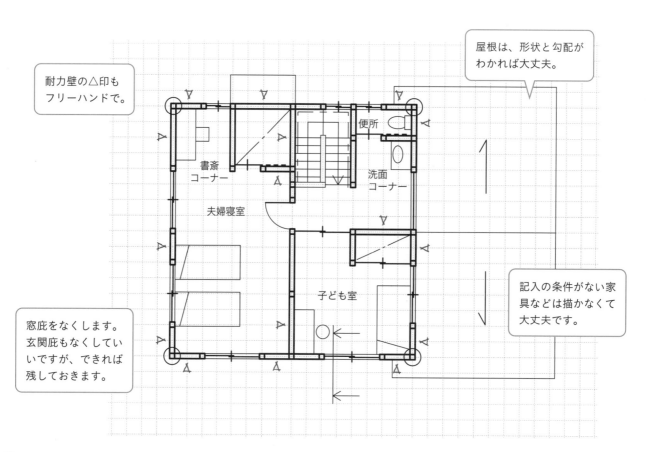

耐力壁の△印もフリーハンドで。

屋根は、形状と勾配がわかれば大丈夫。

記入の条件がない家具などは描かなくて大丈夫です。

窓庇をなくします。玄関庇もなくしていいですが、できれば残しておきます。

# 2階床伏図兼1階小屋伏図

## ■ 2階床伏図兼1階小屋伏図とは

　伏図とは、上から見た図になりますが、2階床伏図は、2階床を構成している床梁や胴差などの構造材を表現した図であり、1階小屋伏図は、1階の小屋組み部分の構造材を表した図となります。

　そして、2階床と1階小屋組み部分は、高さが同じ位置にありますので、同じ1つの図面として表現したものが、2階床伏図兼1階小屋伏図となります。

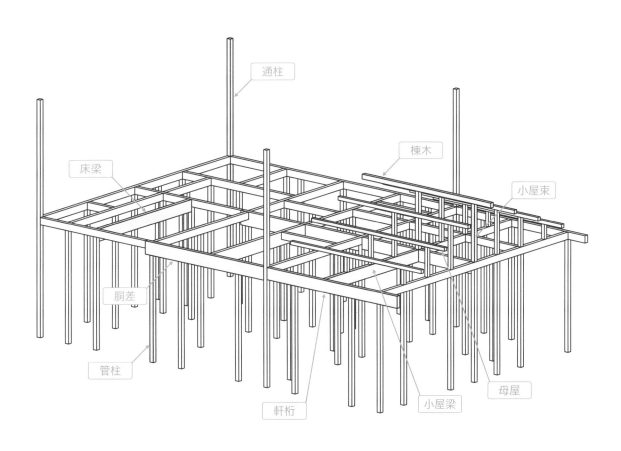

　2階床伏図では、2階の管柱の表現も必要ですが、この図では省略しています。

1、2階を縦に並べてプランニングを行なうと、伏図の検討がしやすくなります。

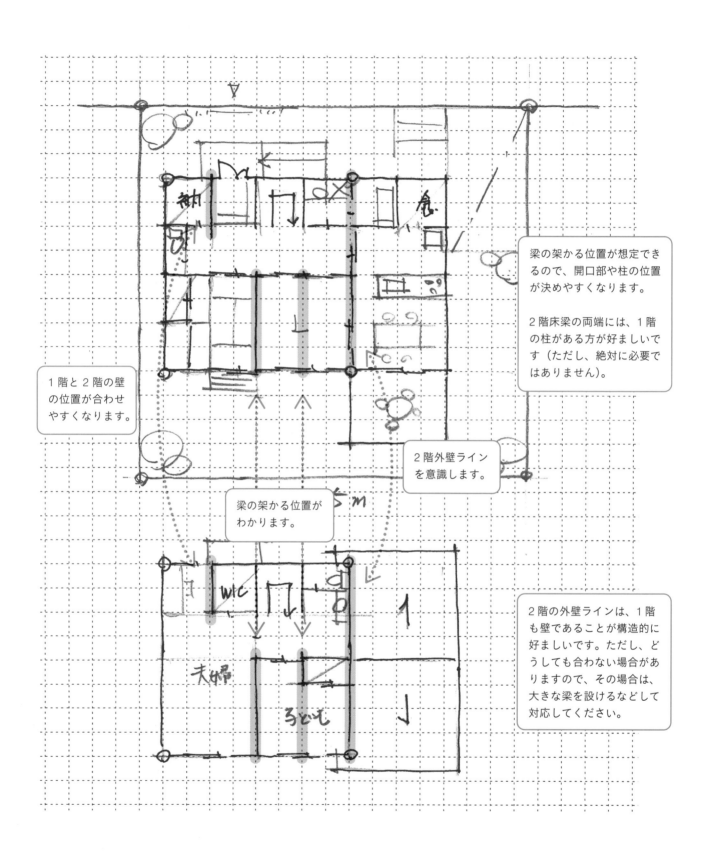

梁の架かる位置が想定できるので、開口部や柱の位置が決めやすくなります。

2階床梁の両端には、1階の柱がある方が好ましいです（ただし、絶対に必要ではありません）。

1階と2階の壁の位置が合わせやすくなります。

2階外壁ラインを意識します。

梁の架かる位置がわかります。

2階の外壁ラインは、1階も壁であることが構造的に好ましいです。ただし、どうしても合わない場合がありますので、その場合は、大きな梁を設けるなどして対応してください。

1、2階で壁の位置をそろえると、梁の本数が減るので伏図がシンプルになります。
また、柱を上手に配置させることによって、補強が必要な梁をなくすことができます。

● 伏図の下書き

　慣れないうちは、このように下書きをしてもいいですが、慣れてくると不要になってきます。

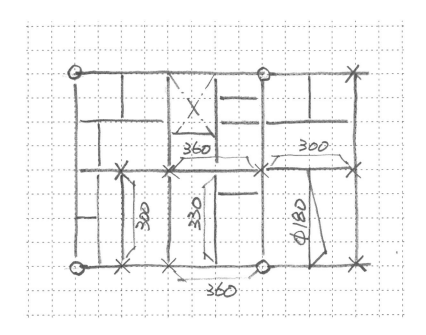

伏図は、慣れてくると、作図をしながら検討ができるようになってきますが、時間短縮のため、できるだけ作図をしながら検討ができるようになっておきたいです。

ただし、大きな梁が架かるような位置は、プランニングの段階で想定しておいてください。伏図を作図する段階で、大きな問題のある架構計画になっていないようにしたいです。

● 横架材の記入　その1（外壁の部材）

　建物の大きさを確認します。外壁部分の部材（胴差、桁など）を下書き線で記入してください。記入したら、全体の大きさが平面図と同じになっているか確認しましょう。

　横架材の幅は、平面図の壁と同じでいいですが、下地や仕上げ材がなく構造材のみなので、厳密には仕上げのある壁（平面図）よりも狭くなります。

胴差とは、外壁周りに設置する部材、軒桁は、軒の部分で垂木を支える部材です。

床梁も胴差も軒桁も、原則は同じ高さに設置されます（天端がそろっています）。

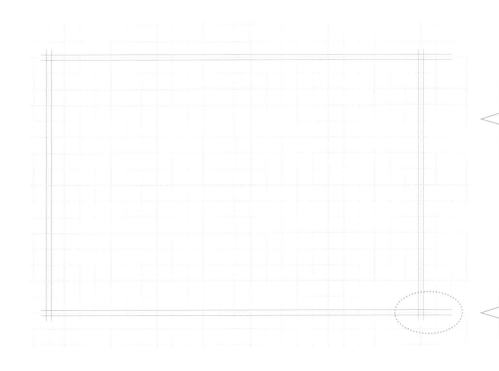

平面図と同じで、ここでも壁の中心線の記入は行ないません。1.5ミリの幅で記入していってください。

軒桁が出る部分は、少し長く引いておきます。

伏図の作図は、下書き線を大幅に省略することが可能です。可能な限り少なく済むように意識してください。

※ p.17 の練習がここでも活かされます。

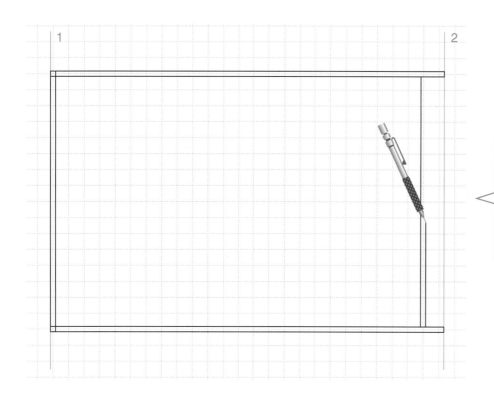

この図の場合は、一番左側の梁の位置と屋根の出寸法の 2 本だけ下書きしておけば、残りは全て仕上げ線で作図することができます。
p.139 の動画を参考にしてください。

● 横架材の記入　その 2（1 階の壁位置）

1 階の壁のある位置に梁を記入します。この梁は、1,820 mm 以下の間隔で柱に支えられています。スパンは大きくありませんので、原則、断面を大きくする必要はありません。

建具の上部にも梁を設けるようにしてください。建具の上部には、一般的に小壁と呼ばれる高さが低い壁があります。その壁を設けるために、上部に梁が必要です。

2 階の建具がある位置には、必ずしも梁は必要ではありません（設けても大丈夫です）。

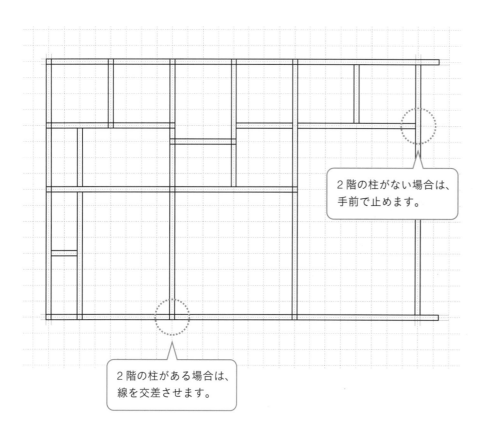

2 階の柱がない場合は、手前で止めます。

2 階の柱がある場合は、線を交差させます。

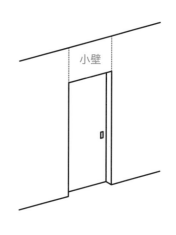

小壁

● **横架材の記入　その3（2階の壁位置）**

2階の壁がある位置に梁を設けます。

既に1階の壁位置に入れている場合は、改めて入れる必要はありません。

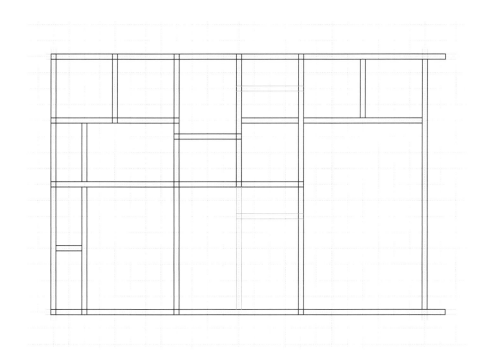

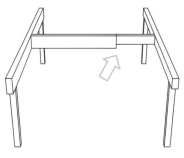

梁は、このような継ぎ方はできませんので注意してください。
1本で届くようにします。

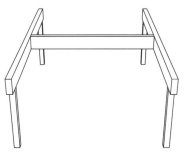

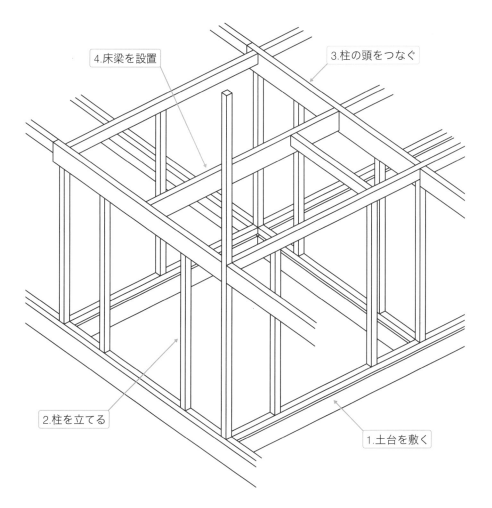

4.床梁を設置

3.柱の頭をつなぐ

2.柱を立てる

1.土台を敷く

実際に建物を建てていく場合、構造材は下から組み上げていきます。

1. 土台
2. 1階の柱
3. 1階壁位置の梁と胴差
4. 2階壁位置の梁

したがって、作図も1階壁位置の梁を記入してから2階位置の梁を記入すると、構造的に問題のない図面となります。

順序を入れ替えても作図はできますが、ミスを犯すリスクが高くなります。

● 横架材の記入　その4（根太を設置するための梁）

1,820mm より大きな間隔があるところに、根太を設置するための梁を設けます。

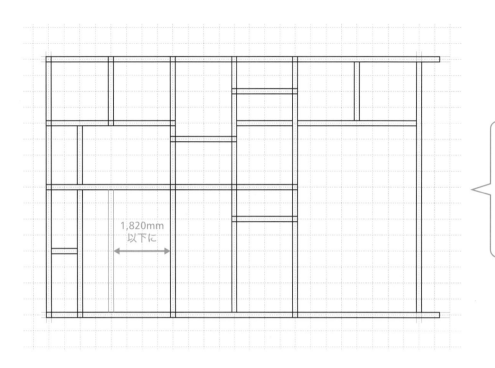

1,820mm
以下に

根太の断面は、それほど大きくありませんので、受け材である梁の間隔が広い（1,820mmを超える）と、床の荷重に耐えられず折れてしまいます。
したがって、間にもう1本梁を入れてあげます。

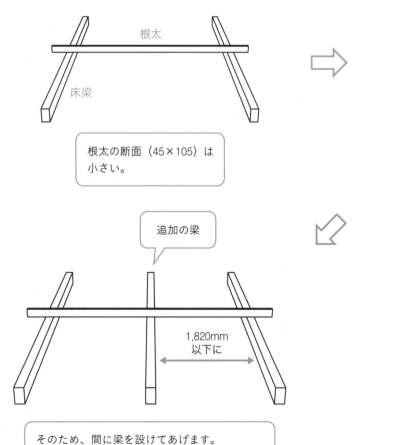

根太

床梁

根太の断面（45×105）は小さい。

追加の梁

1,820mm
以下に

そのため、間に梁を設けてあげます。
梁の間隔は1,820mm以下となるようにします。

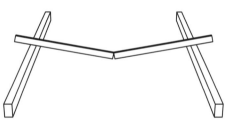

床の荷重に耐えられず折れてしまいます。もしくは、たわんでしまいます。

ここで入れる梁は、原則、縦方向でも横方向でもどちらでもいいです。いずれかの方向で、間隔が1,820mm以下となるようにします。

## ● 小屋梁の記入

　棟木や母屋を支えるための小屋束の間隔は、1,820mm 以下となるようにします。その小屋束を設置できるよう、小屋梁を設けてください。

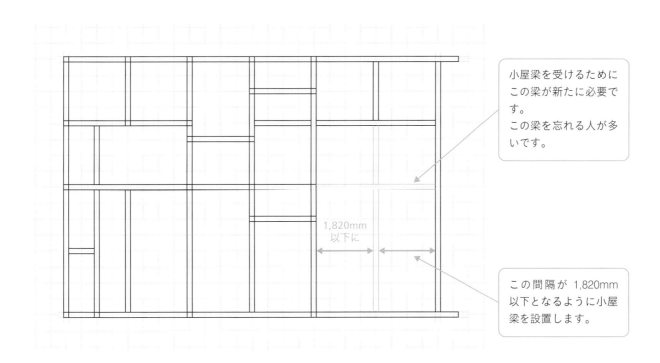

小屋梁を受けるために
この梁が新たに必要で
す。
この梁を忘れる人が多
いです。

1,820mm
以下に

この間隔が 1,820mm
以下となるように小屋
梁を設置します。

**丸太の場合の記入方法**

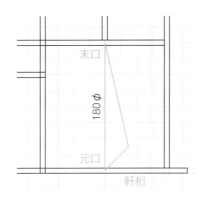

末口

180φ

元口

軒桁

丸太は、断面の大きさが両端で違っています。太い方を元口、細い方を末口といいます。寸法の記入は、末口寸法を記入します。また、一般的に、軒桁（外側）に丸太の元口部分が乗るように設置します。

180φ

縦向き

180φ

OK

NG

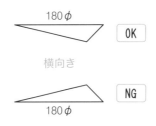

180φ

横向き

OK

180φ

NG

三角の頂点は、縦向きの場合は右側、横向きの場合は下側です。
向きが反対にならないようにしてください。

● 母屋、棟木の記入

　棟木を屋根の中心になるように記入します。母屋は、軒桁を基準に 910 mm の
間隔で配置していきます。

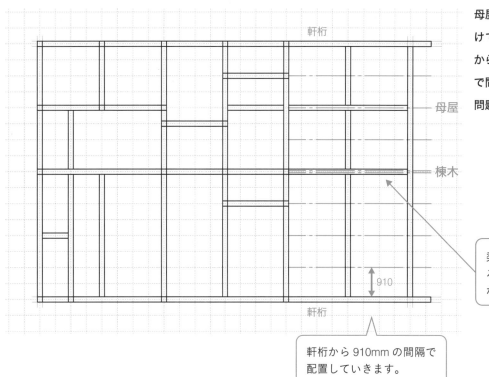

母屋は、桁から 910 mm の間隔で設けていきます。棟木（屋根の中心）からではありません。棟木のところで間隔が狭くなる場合がありますが、問題はありません。

梁と棟木が同じ位置になるところは、棟木を内側、梁が外側になるように表現します。

軒桁から 910mm の間隔で配置していきます。

母屋の間隔が均一にならない場合の例

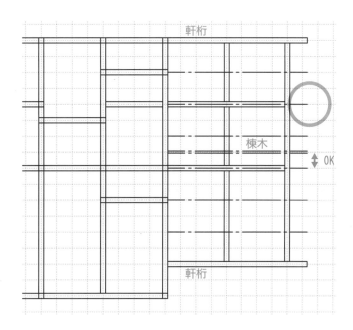

棟木のところで棟木と母屋の間隔が狭くなるのは構いません。

棟木から取ると、軒桁のところで狭くなりますが、これは間違いです。

● 小屋束の記入

小屋束は、間隔が 1,820 mm 以下となるように記入します。

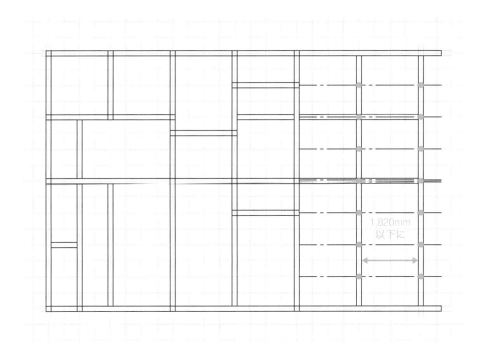

垂木は記入する必要がありません。

実際に設置する順番は、小屋梁→小屋束→母屋（棟木）ですが、配置の検討をする時は、
棟木 → 母屋 → 小屋束 → 小屋梁
の順番で考えるといいですよ。

● 小屋束のラインがそろわない場合

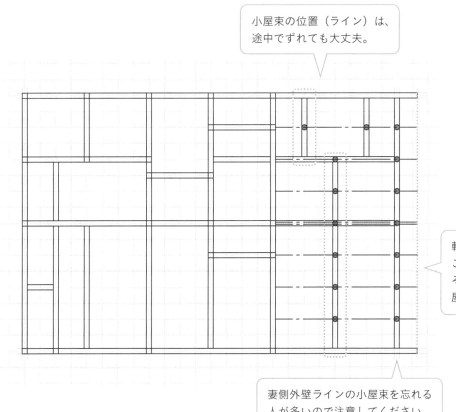

小屋束の位置（ライン）は、途中でずれても大丈夫。

小屋束は、位置をそろえる必要はありません。あくまで、1 つの棟木又は母屋に対して、1,820 mm 以下の間隔に設置されていれば OK です。

軒桁、母屋、棟木
この 3 つの長さ（螻羽の出）はそろえるようにしてください。
屋根伏図の出と同じです。

妻側外壁ラインの小屋束を忘れる人が多いので注意してください。

● 火打梁の記入

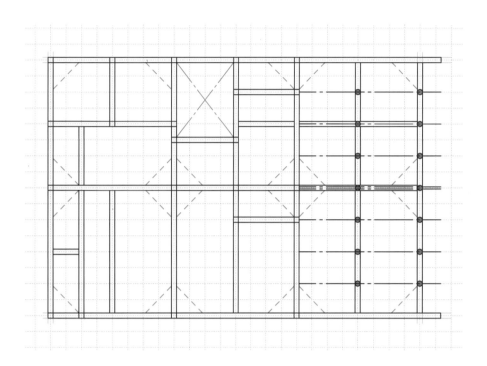

階段のところは、斜線を入れておいてください。火打梁を入れることはできません。

吹抜け部分に火打ち梁を入れることは問題ありません。

火打梁を入れる目安

平面を6つか8つの四角に分けて、その四隅に入れるようにするといいでしょう。

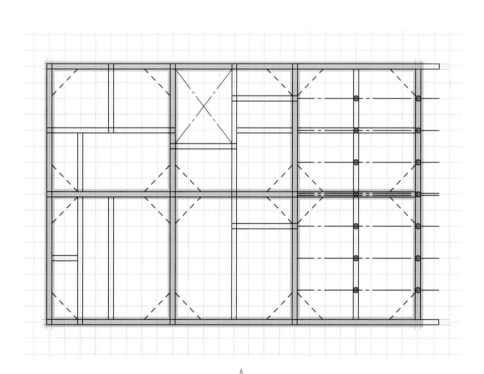

火打梁の斜線は、勾配定規をこのように置いて描くといいです。

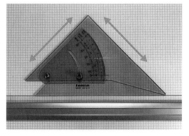

火打梁の設け方に明確な基準はありません。この図のようにきれいに入らなくても大丈夫です。

階段に火打梁を入れると、上り下りの途中でじゃまになってしまいます。

38

● 柱の記入

1階の柱位置に ×、2階の柱位置に □ を記入します。

通し柱は、5ミリの円を使ってください。

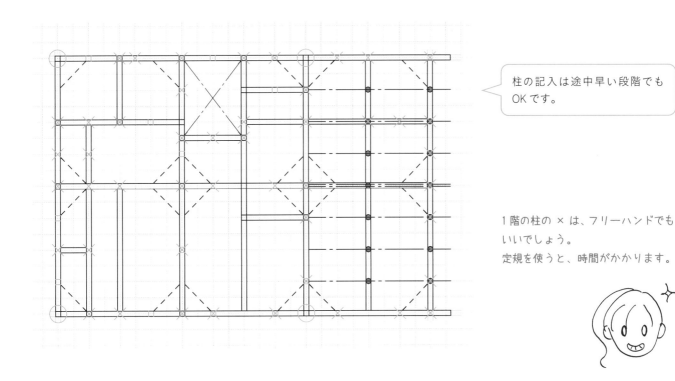

柱の記入は途中早い段階でも
OK です。

1階の柱の × は、フリーハンドでも
いいでしょう。
定規を使うと、時間がかかります。

ここでスパンについて確認

スパンとは、その梁を支持している柱や梁の間隔のことです。

スパンが大きいほど、部材の必要な断面寸法は大きくなります。

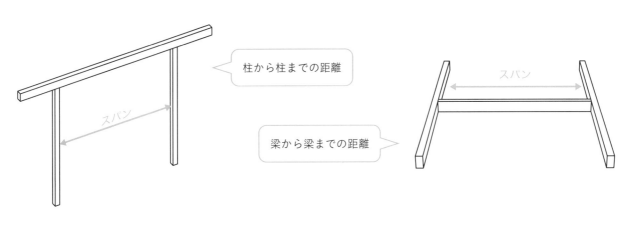

柱から柱までの距離

梁から梁までの距離

1本の梁に対して3本以上の柱がある場合は、
柱の間隔が広い方でサイズを検討します。

スパン ≠ 梁の長さ

スパンは、梁の長さとは違いますので、注意
してください。

● 横架材断面寸法の検討　その1

　スパンが 1,820 mm 以上の横架材に対して断面寸法の検討を行ないます。横架材には、柱や他の梁の荷重を受ける部材とそうでない部材がありますので、それぞれ別々に断面寸法を決めるようにします。下の表の断面寸法を目安にしてください。

　スパンが 910 mm の梁は、120 × 120 としますので、断面寸法の検討は不要です。

| スパン | 梁・胴差の断面寸法<br>（負担なしの場合） | 梁・胴差の断面寸法<br>（柱や床梁を受ける場合） | 小屋梁の末口寸法<br>（丸太の場合） | 小屋梁の断面寸法<br>（角材の場合） |
|---|---|---|---|---|
| 1,820 mm | 120 × 120 | 120 × 180 | — | 120 × 120 |
| 2,730 mm | 120 × 240 | 120 × 270 | 150 φ | 120 × 210 |
| 3,640 mm | 120 × 300 | 120 × 330 | 180 φ | 120 × 270 |
| 4,550 mm | 120 × 330 | 120 × 360 | 210 φ | 120 × 300 |

スパンが 3,185 mm など半端になる場合は、大きい方の 3,640 mm で検討します。

近年実務では、丸太材はほとんど使われなくなってきましたね。

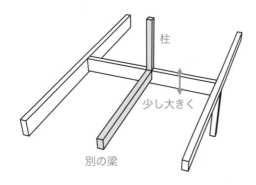

柱

少し大きく

別の梁

**2階の柱や別の梁を受ける場合**
負担する荷重が大きくなりますので、梁は少し大きめに考えます。

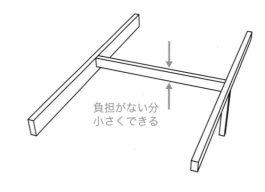

負担がない分小さくできる

**負担がない場合**
他の構造材を受けない場合は、左のケースに比べて、梁の断面寸法は少し小さくすることができます。

● **断面寸法の記入**

断面寸法の記入は、梁の上部でも下部でも構いません。
左右もどちらでも結構です。
見やすくなる位置に記入してください。

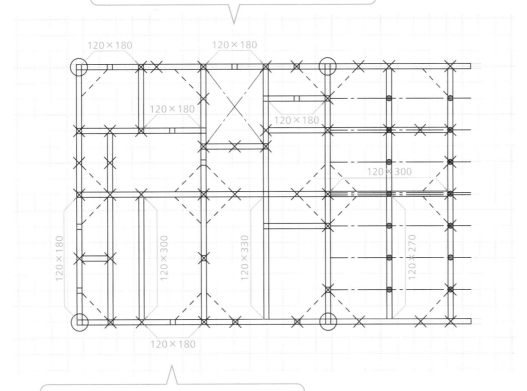

梁の断面寸法を大きくする範囲は、その部分だけ
でもいいですし、少し長めにしても構いません。
ただし、両端には１階の柱があるところにしてく
ださい。

ちなみに、梁は通常4mの長さで
流通していますので、実務では
4m（約４マス分）でサイズを変
えるようにすることが多いです。

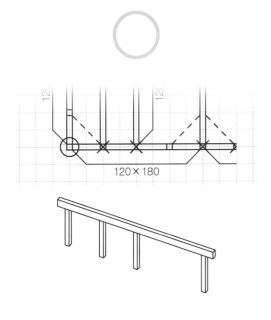

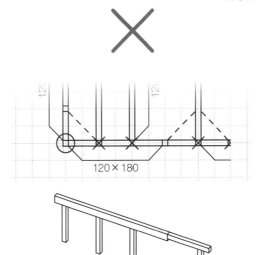

断面寸法の範囲を大きくすることは可
能です。
梁材を長いまま１本通して設置してい
ます。

１階の柱がない位置で、断面寸法を変
えることはできません。
梁の両端は、１階の柱で受けるか、別
の梁の側面に接続するようにします。

● 横架材断面寸法の検討　その2

　小さい梁に大きな梁が架かっているところは、受ける側の梁を大きくします。ただし、その部分に1階の柱がある場合は、その必要はありません。

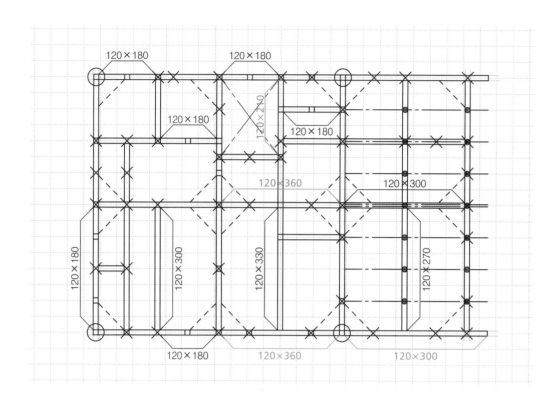

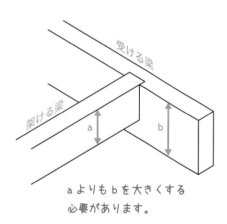

aよりもbを大きくする
必要があります。

> 梁の仕口はこのようになっています。原則、受ける側の梁の断面寸法を大きくする必要があります。

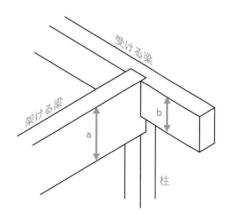

柱があればbは大きく
しなくても大丈夫。

> ただし、梁を受ける部分に1階の柱があると、柱で梁を受けることができますので、受ける側の梁の断面寸法は大きくする必要はありません。

## ● 寸法線の記入

寸法線を入れます。概ね平面図と同じ取り方で OK です。

原則、四方に記入してください。

凡例欄に断面寸法を記入します。

完成です！

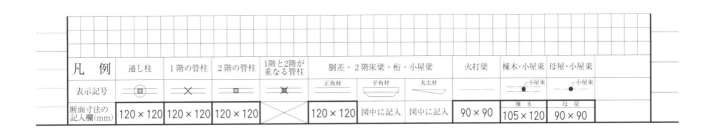

縮尺：1/100

| 凡　例 | 通し柱 | 1階の管柱 | 2階の管柱 | 1階と2階が重なる管柱 | 胴差・2階床梁・桁・小屋梁 | | | 火打梁 | 棟木・小屋束 | 母屋・小屋束 |
|---|---|---|---|---|---|---|---|---|---|---|
| 表示記号 | ⊡ | ✕ | ▪ | ⊠ | 正角材 ▭ | 平角材 ▱ | 丸太材 ⬭ | | 小屋束 ● | 小屋束 |
| 断面寸法の記入欄(mm) | 120×120 | 120×120 | 120×120 | | 120×120 | 図中に記入 | 図中に記入 | 90×90 | 棟木 105×120 | 母屋 90×90 |

正角材は、断面の大きさが正方形の部材のことを言います。
ここに 120×180 と記入するのは間違いなので注意してください。

正角材

平角材

● 120×120　120×150　120×180 の部材を統一した表現

下記の一文を記入すると、図面上にサイズの記入がない部材（梁、胴差、軒桁）は全て 120 × 180 となります。120 × 150 と 120 × 180 の記載は不要です。

**縮尺：1/100**

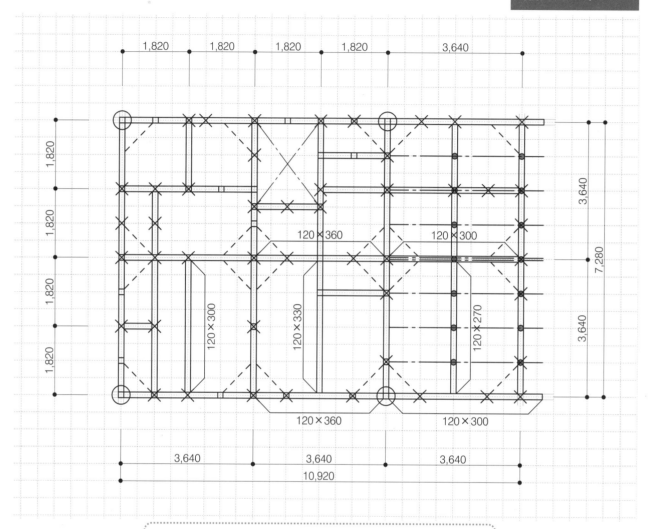

「図面に特記なき梁及び胴差、軒桁の断面寸法は 120×180 とする。」

| 凡　例 | 通し柱 | 1階の管柱 | 2階の管柱 | 1階と2階が重なる管柱 | 胴差・2階床梁・桁・小屋梁 | | | 火打梁 | 棟木・小屋束 | 母屋・小屋束 |
|---|---|---|---|---|---|---|---|---|---|---|
| 表示記号 | ◉ | ✕ | ▦ | ✕ | 正角材 | 平角材 | 丸太材 | ── | ┄•┄ 小屋束 | ─●─ 小屋束 |
| 断面寸法の記入欄(mm) | 120×120 | 120×120 | 120×120 | ✕ | 120×120 | 図中に記入 | 図中に記入 | 90×90 | 棟木 105×120 | 母屋 90×90 |

この場合も正角材の寸法は記入しておいてください。

## 断面図

断面図は、建物全体を切断し、その断面を表した図面です。

切断している位置と、見ている方向を表しています。

## 断面図

切断しているところが壁なら壁、建具なら建具を表現します。

縮尺：1／100

## ● 切断の方法

　原則は、張間方向（屋根の形状がわかる方向。通常は南北の方向）で切断し、西側を見た図面となるようにします。

　切断位置は、1階と2階で多少ずれても構いません。また、途中で曲げることも可能です。

開口部で切断するという条件がほとんどです。練習も外壁に開口部がある位置で切断するようにしてください。

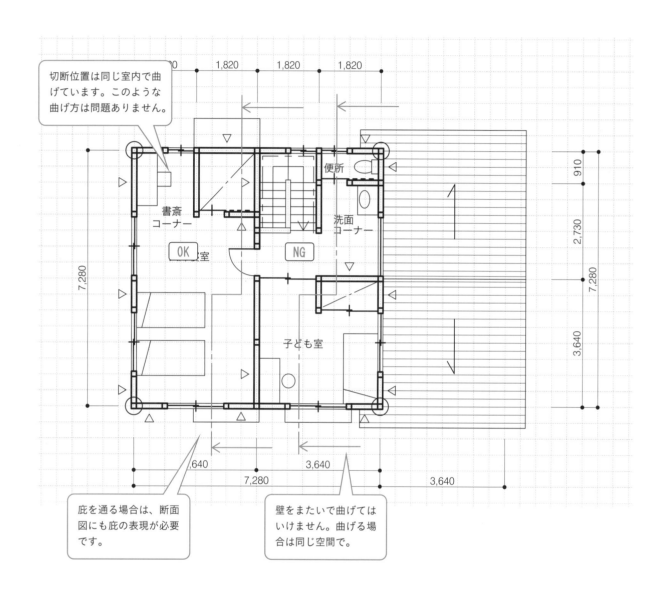

切断位置は同じ室内で曲げています。このような曲げ方は問題ありません。

庇を通る場合は、断面図にも庇の表現が必要です。

壁をまたいで曲げてはいけません。曲げる場合は同じ空間で。

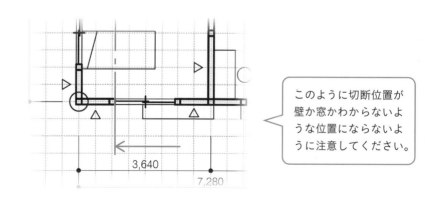

このように切断位置が壁か窓かわからないような位置にならないように注意してください。

## ● 高さ位置の点を取る

1 階床、1 階天井、2 階床、2 階天井、軒高＋ 100mm。
これらの高さの点を取っていきます。

点を取る高さ（GL より）

軒高＋ 100mm：6,400

2 階の天井：5,900

2 階の床：3,500

1 階の天井：2,900

1 階の床：500

窓の高さ（1、2 階とも）

軒高から 100mm 上がるのは、屋根
の厚み分です（垂木、野地板、屋根
仕上材など）。
ちょうど 100mm ではなく、だいた
い 100mm 程度と考えてください。

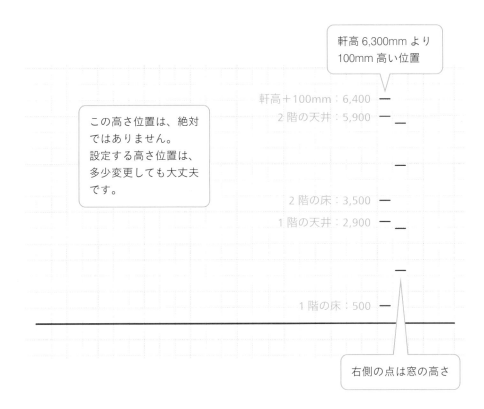

軒高 6,300mm より
100mm 高い位置

この高さ位置は、絶対
ではありません。
設定する高さ位置は、
多少変更しても大丈夫
です。

軒高＋100mm：6,400 ―
2 階の天井：5,900 ―

2 階の床：3,500 ―
1 階の天井：2,900 ―

1 階の床：500 ―

右側の点は窓の高さ

全ての点を一列に取るとわかりにく
くなるので、窓の高さ位置は右にず
らして取るといいです。

## ● 天井と床のラインを下書き線で引く

取った高さの点から下書き線で水平線を引きます。

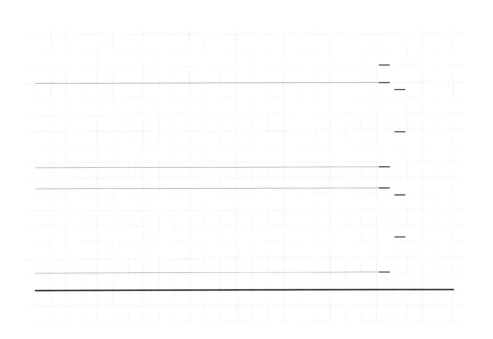

できるだけ薄い線で引くように
してください。

下書き線は、先に横線から引く
と、縦の線は必要最低限の長さ
で済ませることができ、図面の
仕上がりがきれいになります。

● 壁の下書き

平面図を確認し、壁や窓の位置に下書き線を引きます。

建具がない部分については、下書き線ではなく仕上げ線で引きます。

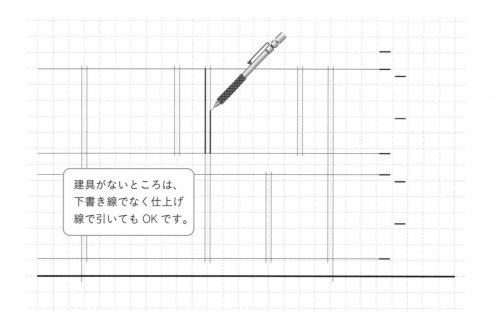

建具がないところは、下書き線でなく仕上げ線で引いてもOKです。

ここでもp.17の練習が活かされますね。

ここで一度、壁の位置などが合っているか確認しよう！

● 軒の出位置、屋根高さの基準ラインを取る

壁心から600mmの位置に、軒の出のラインを下書き線で引きます（軒の出は、450mmでもOKです）。

次に、軒高＋100mmのラインを引きます。この線は短く引きます。

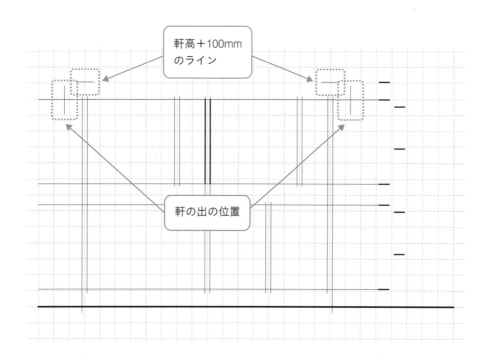

軒高＋100mm
のライン

軒の出の位置

軒の出の位置は、軒の出が450mmの場合は、方眼を利用してください。軒の出を600mmとする場合は、スケールで測ってもいいですが、マス目を目分量で1マス＋1/3マスを取ってもいいでしょう。

1マス455mmと1/3の150mmで概ね600mmになります。

## ● 屋根を仕上げる

屋根のラインを仕上げていきます。ついでに、屋根勾配の斜線も引いてください。屋根勾配の記号の位置は適当です。

6,400mm のラインと壁心の交点に勾配定規を合わせて斜線を引きます。

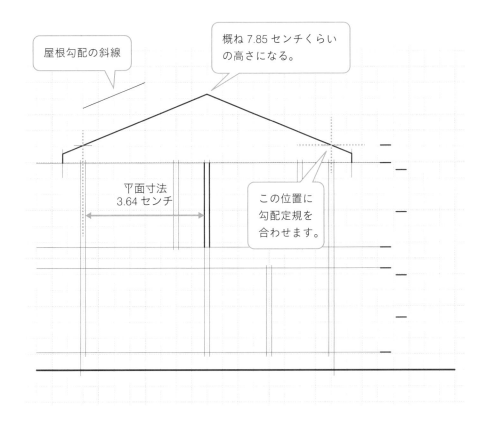

最高の高さの計算

平面寸法×勾配＋軒高＋屋根の厚み

$3.64 \times 4/10 + 6.3 + 0.1$
$= 7.856$

正しく作図すれば、7.85 センチくらいの高さになっているはずです（6.3 は軒高、0.1 は屋根の厚み分です）。

屋根の厚みは、垂木や野地板、スレートの厚みの分です。
p. 54 で確認できます。

## ● 天井・床の線を仕上げ、開口部の高さ位置を取る

強い線で引いてください。

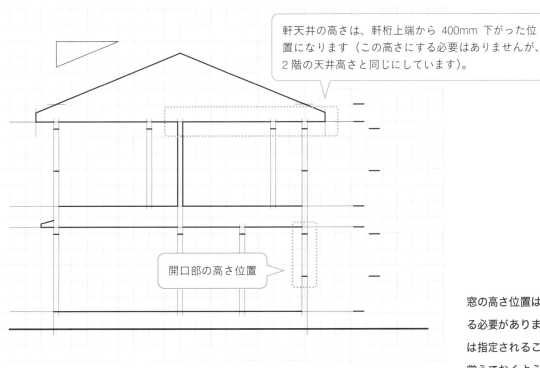

軒天井の高さは、軒桁上端から 400mm 下がった位置になります（この高さにする必要はありませんが、2 階の天井高さと同じにしています）。

窓の高さ位置は、矩計図と同じにする必要があります。窓の高さや寸法は指定されることはありませんので、覚えておくようにしましょう。

● 壁と建具を仕上げる

強い線で引いてください。

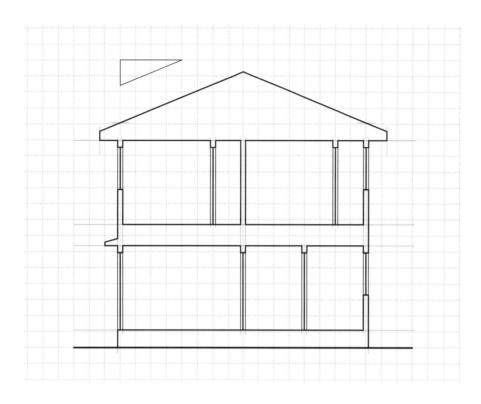

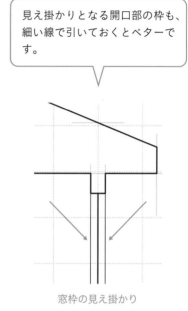

見え掛かりとなる開口部の枠も、細い線で引いておくとベターです。

窓枠の見え掛かり

● 寸法線、屋根勾配を入れる

寸法は、最高高さ、軒高、階高、床高さ、天井高さ、開口部の内法が必要です。

軒の出の寸法は、できれば記入しておきたいですが、問題で記入が求められていない場合は、原則必要ありません（求められる可能性は低いです）。

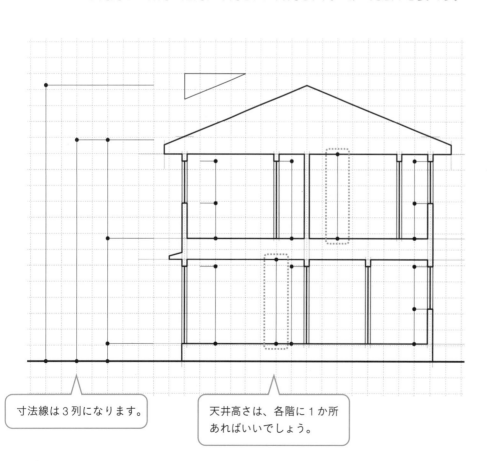

寸法線は3列になります。

天井高さは、各階に1か所あればいいでしょう。

## ● 室名、寸法を記入する

室名と寸法を記入して完成です。

▽最高高さ

10
4

▽軒高

完成です！

便所

2.800

子ども室

1,000 | 1,200

2,200

2,400

洗面
コーナー

1,000 | 1,200

7,860

6,300

▽2FL

3,000

居間

2,200

2,400

2,200

洗面
脱衣室

1,200

1,000

▽1FL

500

▽GL

軒高を忘れる人が多いので
注意してください。

縮尺：1/100

ここに平面寸法を記入する人が
多いですが不要です。
記入は求められていません。

見え掛かりの開口部の記入が求められた場合、正面の壁に設けてある開口部を記入します。ただし、記入が求められる可能性はあまり高くないです。

p.52 の図面が、見え掛かりの開口部を記入した例となります。

記入が求められていないものは、記入しなくても減点になることはありません。
時間がもったいないので、必要なものはきちんと確認しておきたいですね。

## ■桁行方向（東西方向）で切断する場合

桁行方向で切断するという条件の可能性はとても低いです。基本的には、南北方向で切断し、西側を見た図面としてください。

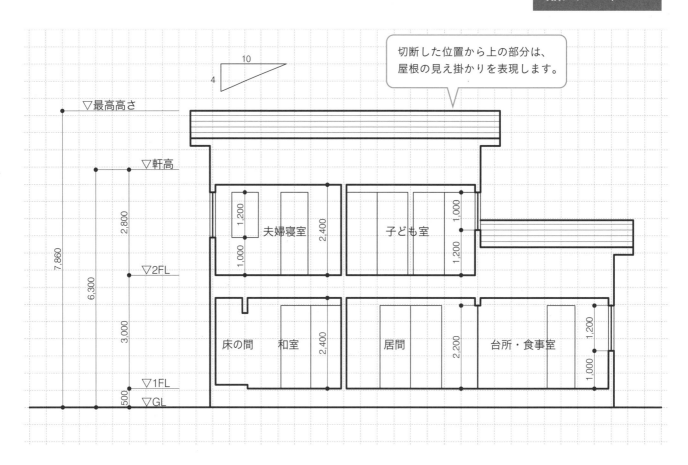

切断した位置から上の部分は、屋根の見え掛かりを表現します。

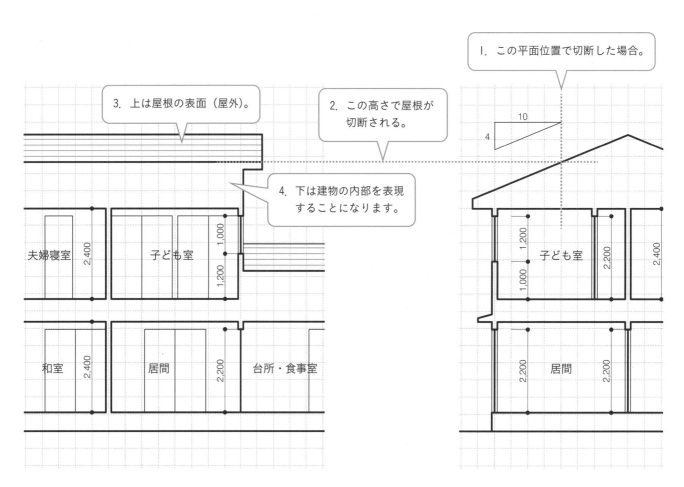

1. この平面位置で切断した場合。

3. 上は屋根の表面（屋外）。

2. この高さで屋根が切断される。

4. 下は建物の内部を表現することになります。

## 立面図（南立面図）

　立面図は、建物を外側から見た姿図になります。原則、東西南北の4方向の図面となりますが、製図試験で作図するのはいずれかの1面だけです。どの面を作図するかは、当日の問題を見て確認することになります。

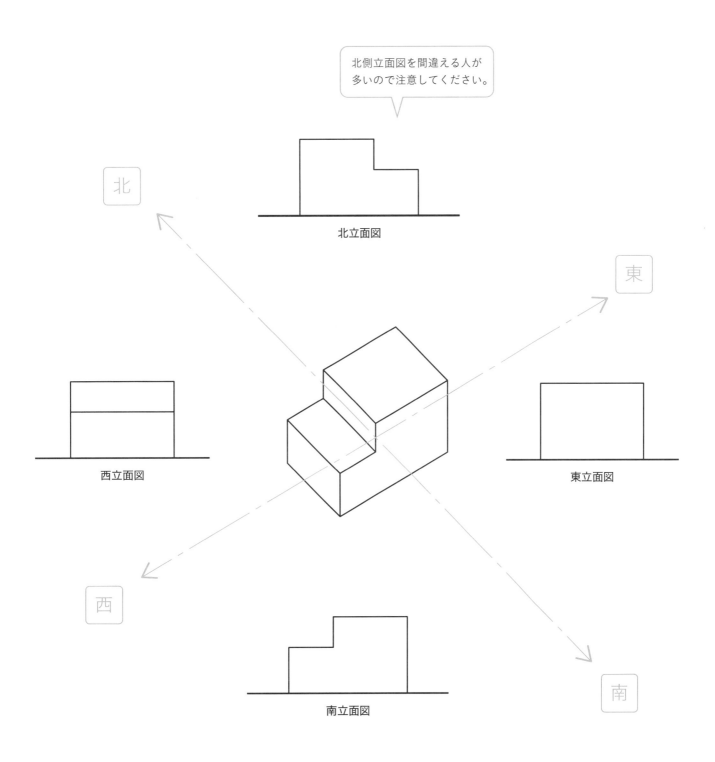

## ■屋根と窓の高さを確認する

p.26 平面図、軒高 6,300 mm、
屋根勾配 4 寸の場合

### ・2 階の屋根　上端高さ（最高高さ）

平面寸法×勾配＋軒高＋屋根の厚み

$3,640 \times 4/10 + 6,300 + 100 = 7,856$

### ・2 階の屋根　下端高さ（軒天井高さ）

右図より GL から 5,900 となります。

### ・1 階の屋根　上端高さ

平面寸法 × 勾配＋軒高＋屋根の厚み

$3,640 \times 4/10 + 3,400 + 100 = 4,956$

軒高は胴差の天端位置となります。

### ・1 階の屋根　下端高さ

胴差の位置が軒桁になります。
2 階と同じ屋根形状を想定してください。
高さは、3,000 となります。

### ・2 階の窓の高さ

右図より、上端は 5,700、
下端は 4,500 となります。

### ・1 階の窓の高さ

右図より、上端は 2,700 となります。

### ・1 階の床高さ

右図より、500 となります。

### ・水切の高さ

右図より、300 の高さとなります。

屋根の上端高さは 1、2 階ともプランによって
変わりますので求める必要がありますが、そ
の他の寸法は固定して覚えて大丈夫です。

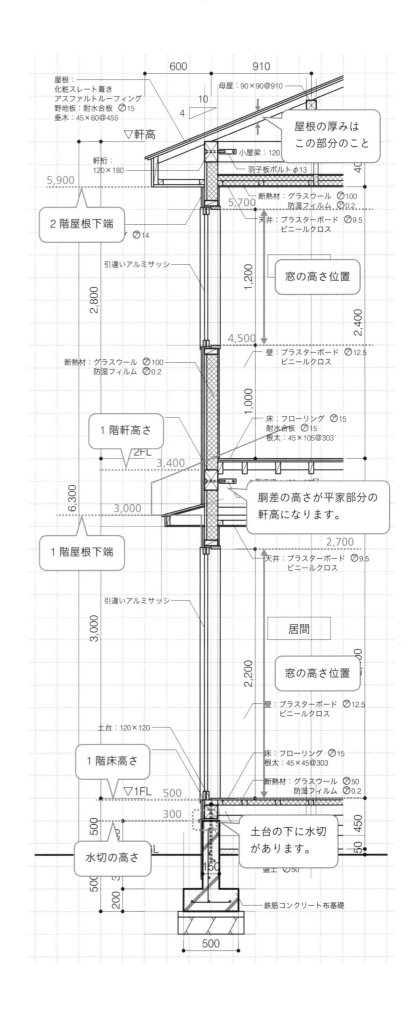

## ● 高さ位置の点を取る

スケールで屋根と窓の高さ、水切位置の点を取ります。

左右にずらしています。
右側は窓の高さ。

p.54 で確認した
高さの点を取ります。

最高高さ：7,856
（要計算）

2 階屋根　下端：5,900

1 階屋根　上端：4,956
（要計算）

1 階屋根　下端：3,000

1 階の床高：500
水切：300

立面図は作図する面を必ず確認して
ください。可能性としては南面が一
番高いですが、それ以外の面の可能
性もあります。

GL は、答案用紙に印刷されている
場合とされていない場合があります。
されている場合は、そのラインに合
わせて図面を描いてください。

断面図と同じで、窓の点は少しずら
すとわかりやすいです。
もしくは、建物の輪郭ができてから、
窓の高さ位置を取ってもいいです。

## ● 屋根の高さを下書き線で引く

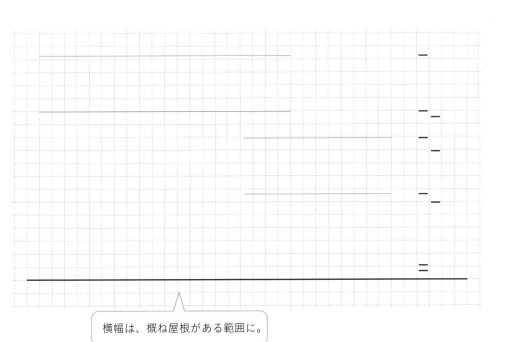

横幅は、概ね屋根がある範囲に。

## ● 屋根を仕上げて、建物の輪郭を仕上げる

屋根と壁の線を引いて、建物の輪郭を仕上げます。

壁の線は、下書き線なしで引くと速いです。

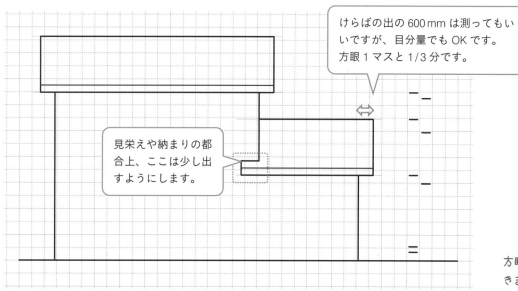

けらばの出の 600 mm は測ってもいいですが、目分量でも OK です。
方眼 1 マスと 1/3 分です。

見栄えや納まりの都合上、ここは少し出すようにします。

方眼の 1/3（150 mm）はたびたび出てきます。
感覚をつかんでおいてください。

この部分の寸法は、矩計図から導き出すことができます。

ただし、軒の出や屋根の勾配によって変わりますので注意してください。

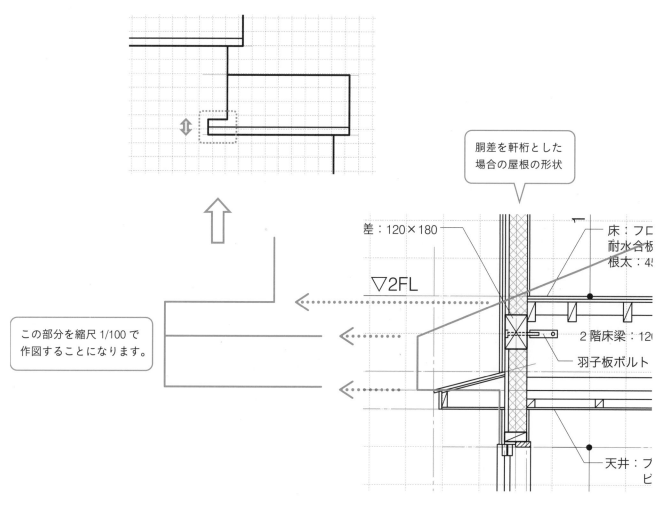

この部分を縮尺 1/100 で作図することになります。

胴差を軒桁とした場合の屋根の形状

差：120×180

▽2FL

床：フ□
耐水合板
根太：4

2 階床梁：12

羽子板ボルト

天井：フ
ビ

● 窓の高さを下書き線で記入する

点を取った高さ位置に合わせて下書き線を引きます。

水切の線もついでに引いておきます。

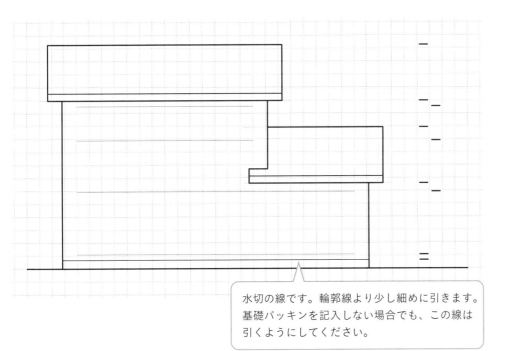

テラスやポーチ、濡れ縁など記入が必要なもので、建物より手前にあるものは、先に描いておくようにします。

> 水切の線です。輪郭線より少し細めに引きます。基礎パッキンを記入しない場合でも、この線は引くようにしてください。

● 窓を仕上げる・庇を記入する（庇を設ける場合）

窓は建物の輪郭より細い線（中線）で引いてください。

庇の高さ位置は、矩計図と合わせる必要があります。

窓を大きくしたところ

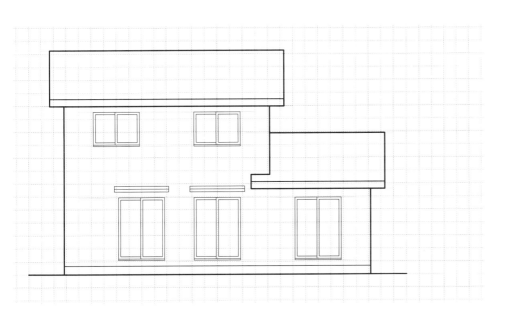

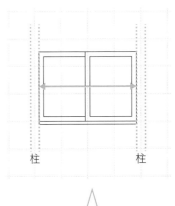

> 窓の幅は、柱や壁の厚み分、柱心より少し内側になります。

> 庇は必ずしも設ける必要はありませんが、設ける場合は、2階平面図にも忘れないように記入しておいてください。

●**屋根の仕上げライン（化粧スレート）を入れて完成**

　最高の高さ、テラスや濡れ縁、床下換気口（またはそれに代わるもの）、スロープ
などが求められた場合は、記入が必要です。

完成です！

▽最高の高さ

7,860

換気用基礎パッキン

床下換気口ではなく、基礎パッキンの場合は、水切
の線を指して「換気用基礎パッキン」と記入します。

縮尺：1/100

**時間がない場合の表現方法**

・屋根の仕上げラインを引かない。

・庇を設けない。

・窓枠の幅を表現しないで、単線で窓を描く。

あくまで時間がない場合の対処方法です。
はじめからこの作図表現で練習するのはオ
ススメしません。

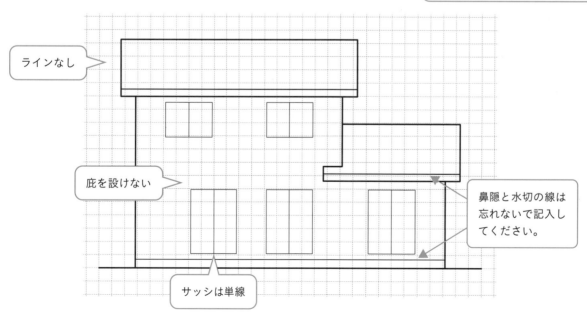

ラインなし

庇を設けない

サッシは単線

鼻隠と水切の線は
忘れないで記入し
てください。

## ■東側の立面図

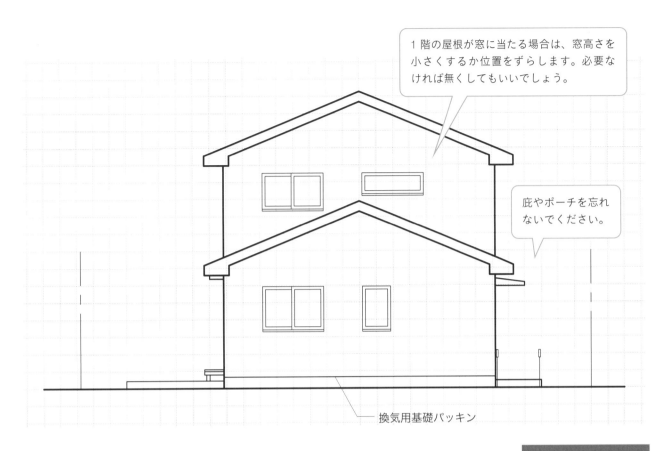

1階の屋根が窓に当たる場合は、窓高さを小さくするか位置をずらします。必要なければ無くしてもいいでしょう。

庇やポーチを忘れないでください。

換気用基礎パッキン

縮尺：1/100

屋根の軒部分は矩計図のこの部分を 1/100 のスケールで描くようにします。

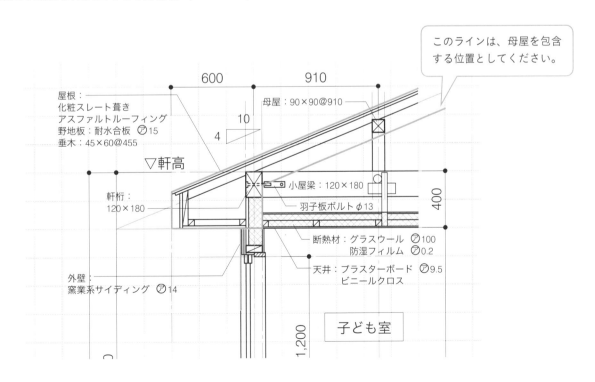

このラインは、母屋を包含する位置としてください。

屋根：
化粧スレート葺き
アスファルトルーフィング
野地板：耐水合板 ㋜15
垂木：45×60@455

母屋：90×90@910

▽軒高

軒桁：
120×180

小屋梁：120×180

羽子板ボルト φ13

外壁：
窯業系サイディング ㋜14

断熱材：グラスウール ㋜100
防湿フィルム ㋜0.2

天井：プラスターボード ㋜9.5
ビニールクロス

子ども室

600
910
10
4
400
1,200

## ■平家部分の屋根と外壁線

### 2階部分の壁と平家部分の壁の位置が揃っている場合

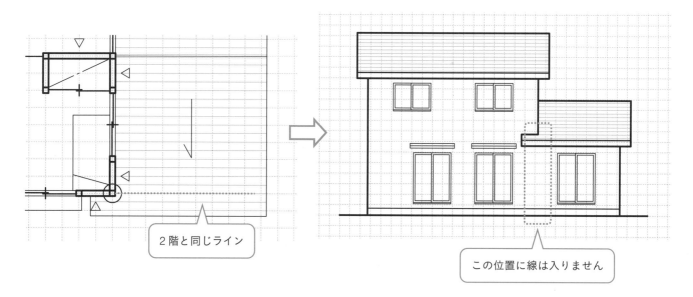

2階と同じライン

この位置に線は入りません

### 2階部分の壁より平家部分の壁が奥にある場合

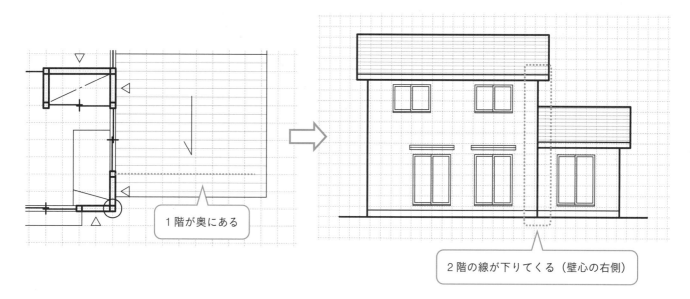

1階が奥にある

2階の線が下りてくる（壁心の右側）

### 2階部分の壁より平家部分の壁が手前にある場合

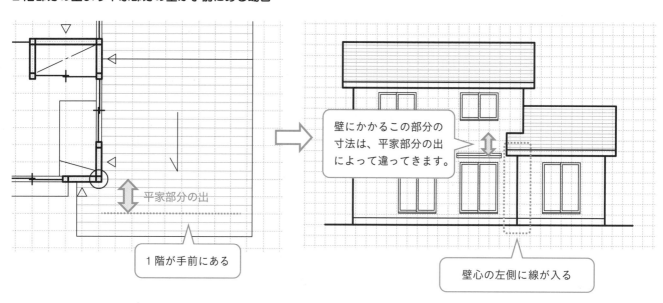

平家部分の出

1階が手前にある

壁にかかるこの部分の寸法は、平家部分の出によって違ってきます。

壁心の左側に線が入る

# 矩計図

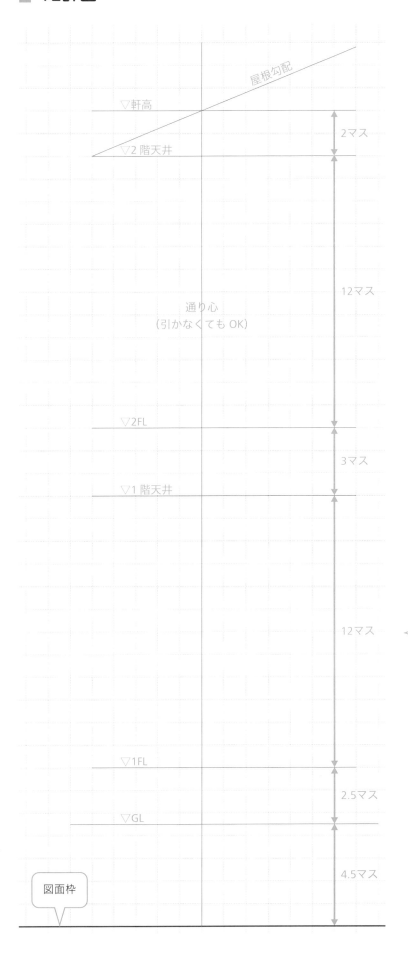

屋根勾配

▽軒高

2マス

▽2階天井

12マス

通り心
(引かなくても OK)

▽2FL

3マス

▽1階天井

12マス

▽1FL

2.5マス

▽GL

4.5マス

図面枠

屋根勾配

●**基本寸法を取る　その1**

以下の線を下書き線で引きます。

・壁の中心線（必ずしも必要ではありません）
・GL（図面枠から 4.5 マス）
・1 階床レベル
・1 階天井高さ
・2 階床レベル
・2 階天井高さ
・軒高
・屋根勾配（この図では 4/10）

これらの寸法は絶対ではないです。
一例として考えてください。

スケールで寸法を取ってもいいですが、マス
目を数えても OK です。取った後は、正しく
取れているか確認をしておいてください。

　矩計図ではなく、部分詳細図が出題される
場合は、この矩計図の屋根部分か 2 階の床部
分、もしくは 1 階の床部分になる可能性が高
いです。

　いずれにしても、どの部分が出題されるか
は本番にならないとわかりませんので、矩計
図の全てを練習しておく必要があります。

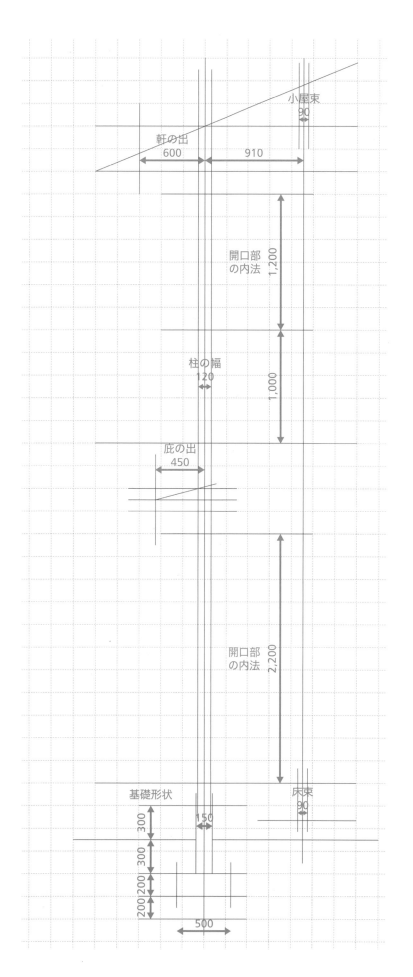

●**基本寸法を取る　その2**

以下の線を下書き線で引きます。

・軒の出（600mm）
・庇の出（450mm）
・柱の幅（120mm）
・開口部の内法高さ
・小屋束の位置（外壁から910mm）
・床束の位置（外壁から910mm）
・基礎の形状

※軒の出や庇の出の寸法は、上記と違ってもい
　いですが、他の図面（平面図や立面図）とは整
　合性を持たせてください。

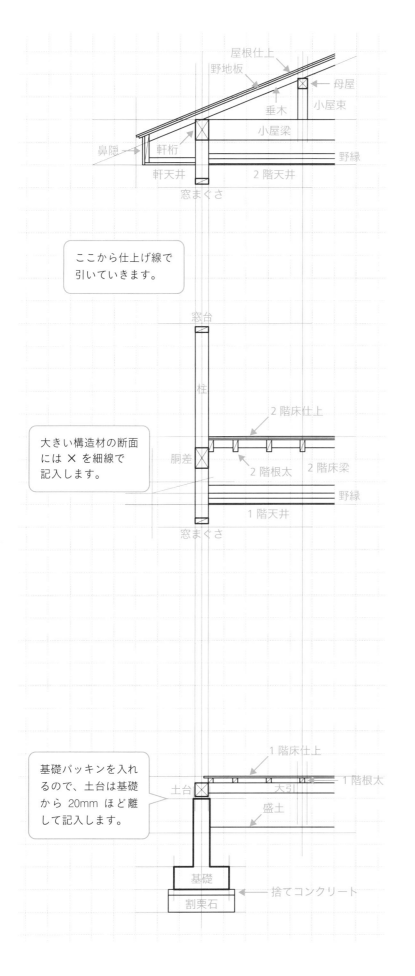

屋根仕上
野地板
母屋
小屋束
垂木
小屋梁
鼻隠
軒桁
野縁
軒天井
2階天井
軒天井
窓まぐさ

ここから仕上げ線で
引いていきます。

窓台

柱

2階床仕上

大きい構造材の断面
には × を細線で
記入します。

胴差
2階根太
2階床梁
野縁
1階天井
窓まぐさ

1階床仕上

基礎パッキンを入れ
るので、土台は基礎
から 20mm ほど離
して記入します。

土台
大引
1階根太
盛土

基礎
割栗石
捨てコンクリート

● 部材の記入　その1

・軒桁（120 × 180）

・小屋梁

・母屋（90 × 90）

・小屋束（90 × 90）

・垂木（45 × 60）

・鼻隠（厚み 30）

・野地板（15）

・屋根仕上材（20 くらい）

・軒天井

・野縁

・窓まぐさ（120 × 60）

・2 階天井（せっこうボード）

・窓台（120 × 60）

・柱（120）

・胴差（サイズは伏図を確認）

・2 階床仕上

・2 階根太（45 × 105）

・2 階床梁（サイズは伏図を確認）

・1 階天井（せっこうボード）

・1 階床仕上

・1 階根太（45 × 45）

・土台（120 × 120）

・大引（90 × 90）

・基礎

・割栗石

・捨てコンクリート

・盛土ライン

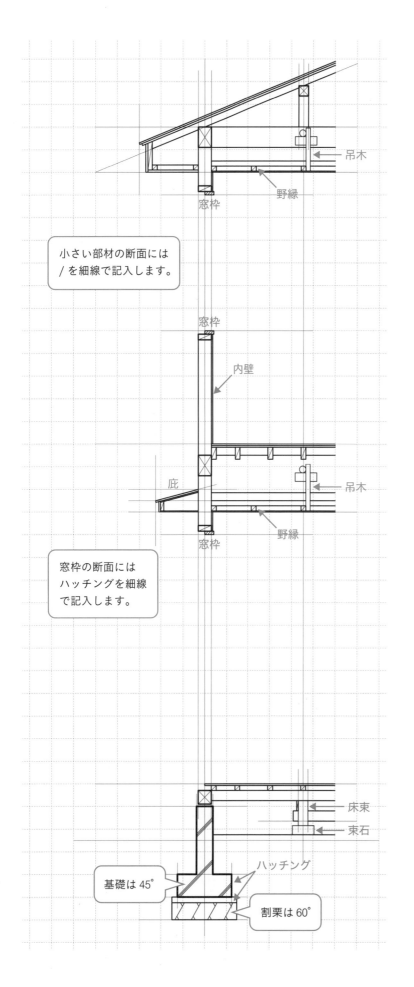

● 部材の記入　その 2

・野縁（45 × 45）
・吊木
・窓枠（100 × 20 くらい）

小さい部材の断面には
/ を細線で記入します。

・内壁（ボードの厚み）
・野縁
・吊木

窓枠の断面には
ハッチングを細線
で記入します。

・庇（記入をする場合）

庇は、設けない場合や
切断位置にない場合は、
表現は不要です。

・束石（200×100）
・床束（90×90）
・基礎のハッチング（斜線）
・割栗石のハッチング（斜線）

吊木

野縁

窓枠

窓枠

内壁

庇

吊木

野縁

窓枠

床束

束石

ハッチング

基礎は 45°

割栗は 60°

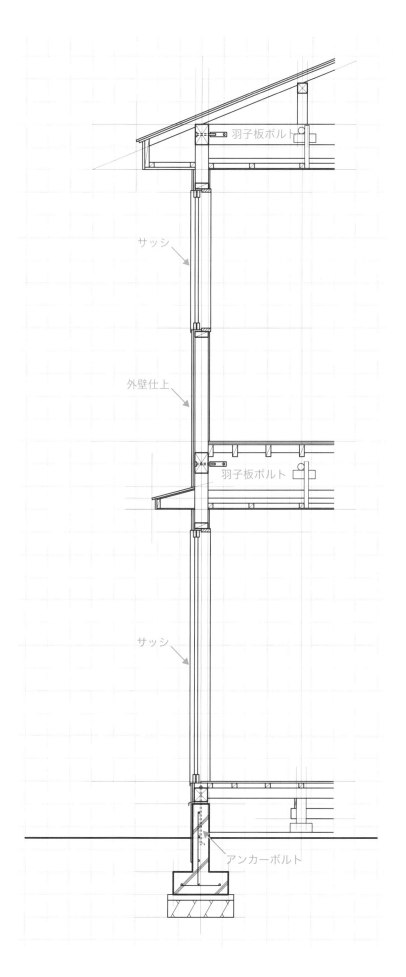

● 部材の記入　その3

・羽子板ボルト
・サッシ枠及びサッシ
・外壁仕上

## 外壁仕上について

○ 湿式工法の場合
　ラスモルタル下地の上吹付タイル
○ 乾式工法の場合
　胴縁下地の上サイディング

近年では乾式工法で指定
されることが多いです。

・アンカーボルト
・水切
・巾木

土台部分を大きくしたところ

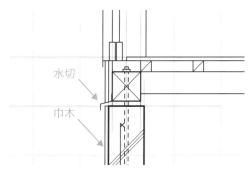

巾木は、基礎の表面に施す仕
上げモルタルのことです。
GL の少し下まで表現します。

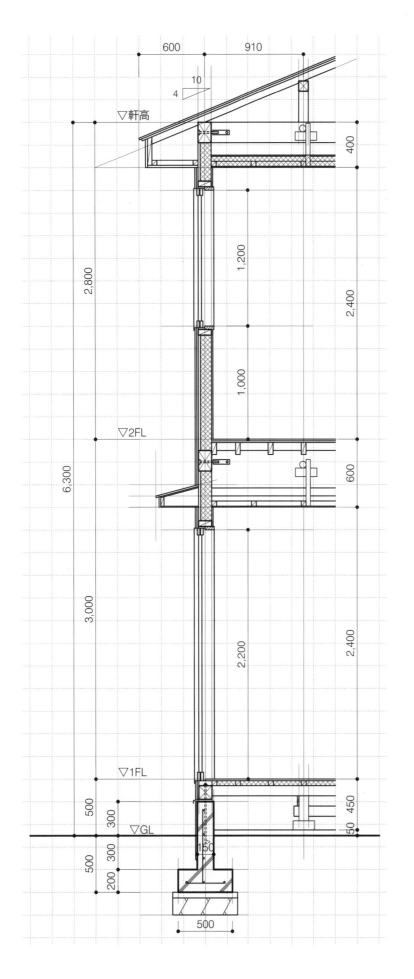

● **断熱材の記入**

・断熱材は、2階の天井、外壁、1階の床に
　必要です。

2階の床（1階の天井）部分
には断熱材は必要ないです。

● **寸法線の記入**

・床高さ

・天井高さ

・階高

・軒高

・軒の出

・開口部の内法寸法

・屋根勾配

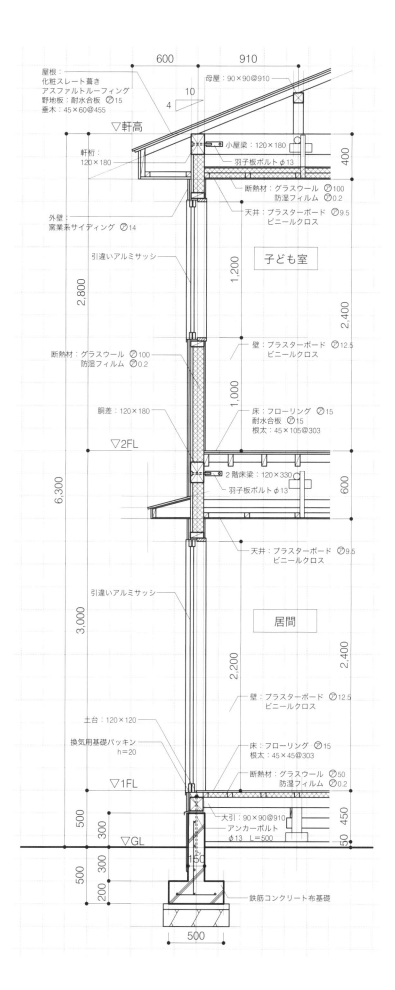

屋根：
化粧スレート葺き
アスファルトルーフィング
野地板：耐水合板 ⑦15
垂木：45×60@455

母屋：90×90@910

▽軒高

軒桁：
120×180

小屋梁：120×180

羽子板ボルトφ13

断熱材：グラスウール ⑦100
防湿フィルム ⑦0.2

天井：プラスターボード ⑦9.5
ビニールクロス

外壁：
窯業系サイディング ⑦14

子ども室

引違いアルミサッシ

壁：プラスターボード ⑦12.5
ビニールクロス

断熱材：グラスウール ⑦100
防湿フィルム ⑦0.2

胴差：120×180

床：フローリング ⑦15
耐水合板 ⑦15
根太：45×105@303

▽2FL

2階床梁：120×330

羽子板ボルトφ13

天井：プラスターボード ⑦9.5
ビニールクロス

引違いアルミサッシ

居間

壁：プラスターボード ⑦12.5
ビニールクロス

土台：120×120

換気用基礎パッキン
h＝20

床：フローリング ⑦15
根太：45×45@303

断熱材：グラスウール ⑦50
防湿フィルム ⑦0.2

▽1FL

大引：90×90@910

アンカーボルト
φ13 L＝500

▽GL

鉄筋コンクリート布基礎

⑦：材料の厚み
@：部材の間隔

### ● 部材名称と室名の記入

・基礎
・土台
・大引
・1階根太
・胴差
・2階床梁
・2階根太
・軒桁
・小屋梁
・母屋
・垂木

### ● 仕上材料名の記入

・屋根仕上
・外壁仕上
・床仕上
・内壁仕上
・天井仕上
・断熱材、防湿措置

### ● 伏図との整合性を確認

　切断した位置の部材が伏図と整合している
かを確認します。

○胴差
　サイズが合っているか
○床梁
　サイズが合っているか
○根太
　向きが合っているか

これで完成です！

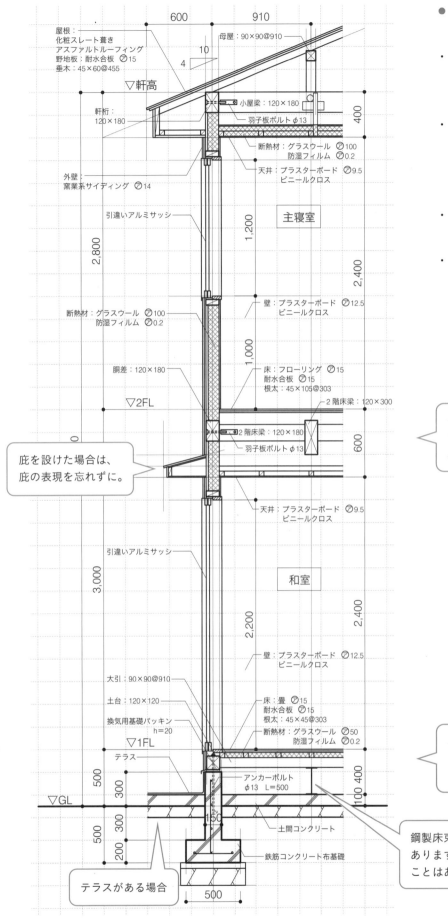

**●その他作図例**

・外壁から910mmの位置に梁を設けている場合は、断面の表現が必要です。忘れる人が多いので注意してください。

・和室で切断する場合は、フローリングを畳に変えます。畳の厚みは60ミリくらいのものもありますが、15ミリのものもありますので、15ミリでもOKです。

・切断位置に屋外テラスがある場合は、テラスを表現します。

・床下は、土間コンクリートを打って、鋼製床束を立てる方法もあります。ただし、指定されることはありません。

外壁から910mmの位置に梁を設けている場合、断面の表現が必要です。

根太は床梁に対して直交方向に設置します。左図は、根太の断面ではなく側面が見えている表現になります。

---

屋根：
化粧スレート葺き
アスファルトルーフィング
野地板：耐水合板 ⑦15
垂木：45×60@455

▽軒高

軒桁：
120×180

母屋：90×90@910

小屋梁：120×180
羽子板ボルト φ13

断熱材：グラスウール ⑦100
防湿フィルム ⑦0.2

天井：プラスターボード ⑦9.5
ビニールクロス

外壁：
窯業系サイディング ⑦14

引違いアルミサッシ

主寝室

断熱材：グラスウール ⑦100
防湿フィルム ⑦0.2

胴差：120×180

▽2FL

壁：プラスターボード ⑦12.5
ビニールクロス

床：フローリング ⑦15
耐水合板 ⑦15
根太：45×105@303

2階床梁：120×300

2階床梁：120×180
羽子板ボルト φ13

庇を設けた場合は、庇の表現を忘れずに。

天井：プラスターボード ⑦9.5
ビニールクロス

引違いアルミサッシ

和室

壁：プラスターボード ⑦12.5
ビニールクロス

大引：90×90@910

土台：120×120

換気用基礎パッキン
h=20

床：畳 ⑦15
耐水合板 ⑦15
根太：45×45@303

断熱材：グラスウール ⑦50
防湿フィルム ⑦0.2

▽1FL

テラス

アンカーボルト
φ13 L=500

▽GL

土間コンクリート

鉄筋コンクリート布基礎

テラスがある場合

和室で切断する場合は、床仕上げは畳（厚さは15mm）になります。

鋼製床束を用いる方法もありますが、指定されることはありません。

2,800  1,200  2,400  1,000  600  3,000  2,200  2,400  500  500  300  150  500  300  200  100  400

600  910  10  4  500

■実際に作図するスケール（上部分）

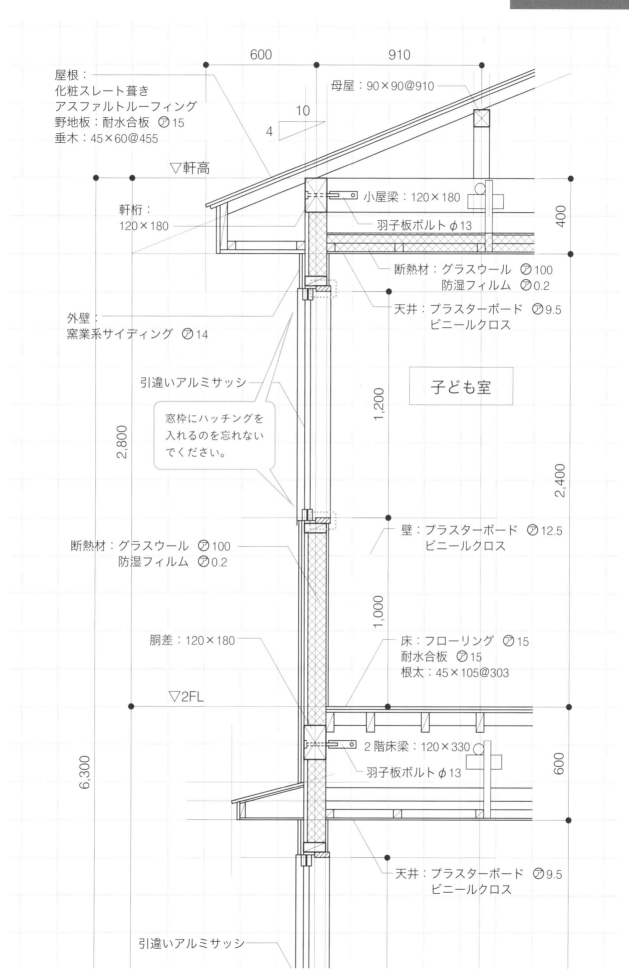

屋根：
化粧スレート葺き
アスファルトルーフィング
野地板：耐水合板 ㋑15
垂木：45×60@455

母屋：90×90@910

600

910

10
4

▽軒高

軒桁：
120×180

小屋梁：120×180

羽子板ボルト φ13

400

断熱材：グラスウール ㋑100
防湿フィルム ㋑0.2

天井：プラスターボード ㋑9.5
ビニールクロス

外壁：
窯業系サイディング ㋑14

引違いアルミサッシ

窓枠にハッチングを
入れるのを忘れない
でください。

子ども室

1,200

2,800

壁：プラスターボード ㋑12.5
ビニールクロス

2,400

断熱材：グラスウール ㋑100
防湿フィルム ㋑0.2

1,000

胴差：120×180

床：フローリング ㋑15
耐水合板 ㋑15
根太：45×105@303

▽2FL

6,300

2階床梁：120×330

羽子板ボルト φ13

600

天井：プラスターボード ㋑9.5
ビニールクロス

引違いアルミサッシ

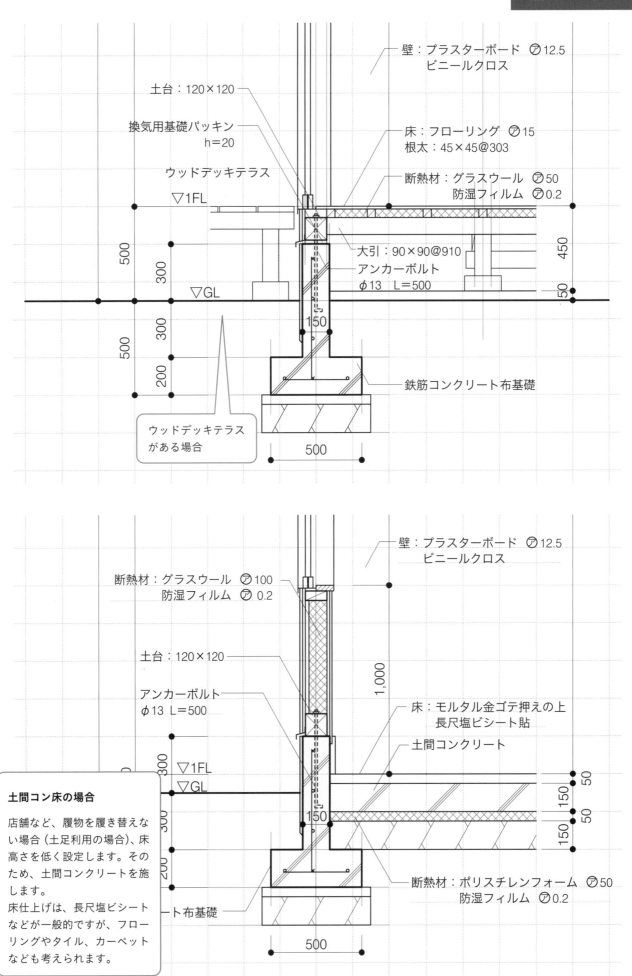

壁：プラスターボード ⑦12.5
　ビニールクロス

土台：120×120

換気用基礎パッキン
　　h=20

ウッドデッキテラス

▽1FL

床：フローリング ⑦15
根太：45×45@303

断熱材：グラスウール ⑦50
防湿フィルム ⑦0.2

500
300
▽GL
500
300
200

150

大引：90×90@910

アンカーボルト
φ13　L=500

450
50

鉄筋コンクリート布基礎

ウッドデッキテラス
がある場合

500

壁：プラスターボード ⑦12.5
　ビニールクロス

断熱材：グラスウール ⑦100
防湿フィルム ⑦0.2

土台：120×120

アンカーボルト
φ13　L=500

1,000

300
▽1FL
▽GL
300
200

150

床：モルタル金ゴテ押えの上
　長尺塩ビシート貼

土間コンクリート

50
150
50
150

**土間コン床の場合**

店舗など、履物を履き替えな
い場合（土足利用の場合）、床
高さを低く設定します。その
ため、土間コンクリートを施
します。
床仕上げは、長尺塩ビシート
などが一般的ですが、フロー
リングやタイル、カーペット
なども考えられます。

筋コンクリート布基礎

断熱材：ポリスチレンフォーム ⑦50
防湿フィルム ⑦0.2

500

# 第二章
# 作図法－RC造課題

・問題用紙（例題）
・出来上がったプラン図
・平面図
・断面図
・立面図（南立面図）
・部分詳細図

柱と梁が剛に接合された骨組みのことを「ラーメン構造」と言います。
まずは RC ラーメン構造の主な部材の名称を覚えてください。

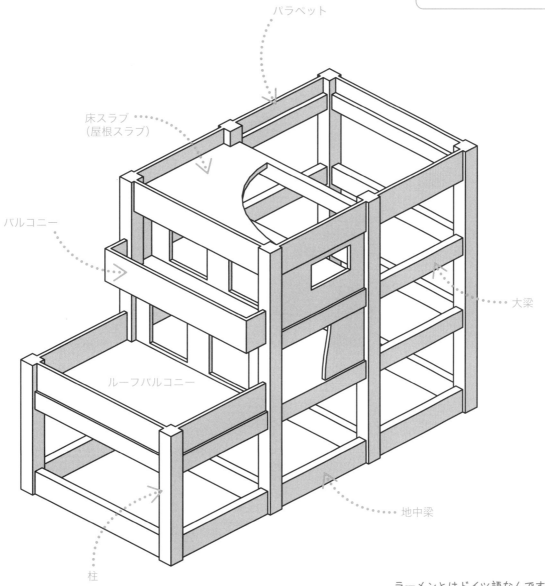

パラペット

床スラブ
（屋根スラブ）

バルコニー

大梁

ルーフバルコニー

地中梁

柱

ラーメンとはドイツ語なんですって。
「額縁」という意味があるそうですよ。

## 設計課題「歯科診療所を併設したルーフバルコニーのある住宅（鉄筋コンクリート造）」

### 1. 設計条件

ある地方都市の市街地において、歯科診療所を併設したルーフバルコニーのある住宅を計画する。

計画に当たっては、次の①～③に特に留意すること。

①診療所部分と住宅部分とは、出入口を明確に分離し、屋内の1階部分で行き来できるようにする。

②1階の屋上を利用した位置にルーフバルコニー、3階にバルコニーを設ける。

③建築物の耐震性を確保する。

> できればプランニングに挑戦してみよう！

**(1) 敷地**

ア．形状、道路との関係、方位等は、右図のとおりである。

イ．第一種住居地域内にあり、準防火地域に指定されている。

ウ．建蔽率の限度は70％（特定行政庁が指定した角地における加算を含む。）、容積率の限度は200％である。

エ．地形は平たんで、道路及び隣地との高低差はなく、地盤は良好である。

オ．電気、都市ガス、上水道及び公共下水道は完備している。

カ．敷地の周囲には、防火上有効な空地、耐火構造の壁等はない。

キ．歩道からによる駐車のためのアプローチは可能とする。

**(2) 構造、階数、建築物の高さ等**

ア．鉄筋コンクリート造3階建てとする。

イ．建築物の最高の高さは10m以下、かつ、軒の高さは9m以下とする。

ウ．建築物の外壁面及び柱面は隣地境界線から500mm以上離す。

エ．塔屋（ペントハウス）は設けない。

敷地図（縮尺：1/500、単位：mm）

**(3) 延べ面積等**

ア．延べ面積は、「230m² 以上、300m² 以下」とする。

イ．ピロティ、玄関ポーチ、ルーフバルコニー、バルコニー、駐車スペース、駐輪スペース等は、床面積に算入しないものとする。

**(4) 人員構成等**

ア．住宅部分：夫婦（40歳代）、子ども1人（女子高校生）

イ．診療所部分：夫（歯科医師）、スタッフ3名（歯科衛生士、その他）

**(5) 要求室等**

下表の全ての室は、指定された設置階に計画する。

| 部分 | 設置階 | 室名 | 特記事項 |
|---|---|---|---|
| 診療所部分 | 1階 | 診察室 | ・治療台が3台設置できる広さとする。 |
| | | 技工室 | ・コーナーとしてもよい。 |
| | | 消毒コーナー | ・診察室との動線に配慮する。 |
| | | X線室 | ・広さは、心々2,000mm×2,000mm以上とする。 |
| | | スタッフ室 | ・面積は、6m²以上とし、受付と直接行き来ができるようにする。 |
| | | 院長室 | ・面積は、5m²以上とする。 |
| | | 便所(A) | ・スタッフ用として設ける。 |
| | | 待合室 | ア．履物は履き替えるものとし、履き替えスペース及び下足入れを設ける。<br>イ．待合用のソファ（4席以上）を設ける。 |
| | | 便所(B) | ・患者用として設ける。 |
| | | 受付 | ・面積は、5m²以上とし、待合室に面して受付カウンターを設ける。 |

| 部分 | 設置階 | 室名 | 特記事項 |
|---|---|---|---|
| 住宅部分 | 1階 | 玄関 | ・上部に吹抜けを設ける。 |
| | 2階 | 居間 | ・面積は、15m²以上とする。 |
| | | 食事室・台所 | ア．面積は、20m²以上とし、1室にまとめる。<br>イ．ルーフバルコニーと直接行き来できるようにする。 |
| | | 洗面脱衣室 | |
| | | 浴室 | |
| | | 便所 | |
| | 3階 | 夫婦寝室 | ・洋室15m²以上とし、その他にウォークインクロゼット（4m²以上）を設ける。 |
| | | 子ども室 | ・洋室とし、収納を設ける。 |
| | | 書斎 | ・机及びいす、本棚を設ける。 |
| | | 便所 | |
| | | 納戸 | |

> 吹抜けは床面積に含めないので、柱スパンを検討する時に考慮しておきます。バルコニーも同じです。

> 吹抜けに面する手すりの高さは、1,100mm以上としてください。

(注1) 各要求室においては、床面積・広さの指定がない場合、床面積は適宜とする。
(注2) 住宅部分においては、1階、2階及び3階は、階段の他に住宅用エレベーター（1基）で連絡する。
(注3) 診療所部分と住宅部分との間は、両部分を行き来するための防火戸で防火区画とする。また、住宅部分の竪穴部分についての防火区画は、考慮しなくてよい。

> エレベーターの計画は、忘れると合格の可能性はなくなります。

**(6) 屋外施設等**

屋外に下表のものを計画する。

| 名称 | 特記事項 |
|---|---|
| 駐車スペース | ・診療所用として1台分を設ける。 |
| 駐輪スペース | ・診療所用として3台分、住宅用として3台分を設ける。 |
| スロープ | ・診療所部分の通路の計画において高低差が生じる場合は、スロープ（勾配は1/15以下）を設ける。 |

> スロープは、ポーチの高さの15倍の長さが必要です。
> ポーチと診療所内の床高さはそろえるようにしてください。

**(7) エレベーター**

住宅部分に設ける住宅用エレベーターは、次のとおりとする。

・エレベーターシャフトは、心々1,500mm×1,500mm以上とする。

・駆動装置は、エレベーターシャフト内に納まるものとし、機械室は設けなくてもよい。

・出入口の幅の内法は、800 mm 以上とする。

## 2. 要求図書

a. 下表により、答案用紙の定められた枠内に記入する（寸法線は、枠外にはみだして記入してもよい）。

b. 図面は黒鉛筆仕上げとする（定規を用いなくてもよい）。

c. 記入寸法の単位は、mm とする。なお、答案用紙の1目盛は、5 mm（部分詳細図（断面）にあっては、10 mm）である。

d. シックハウス対策のための機械換気設備は、記入しなくてよいものとする。

> 作図レイアウト注意。枠からはみ出さないように。
>
> 定規を用いなくてもよい。つまり、フリーハンド OK です。

| 要　求　図　書<br>（　）内は縮尺 | 特　記　事　項 |
|---|---|
| (1) 1 階 平 面 図 兼 配 置 図<br>(1/100)<br><br>(2) 2 階 平 面 図<br>(1/100)<br><br>(3) 3 階 平 面 図<br>(1/100) | ア．1 階平面図兼配置図、2 階平面図及び 3 階平面図には、次のものを記入する。<br>　・建築物の主要な寸法<br>　・室名等<br>　・延焼のおそれのある部分の範囲（延焼ラインを一点鎖線にて明記し、そこから敷地境界線までの距離を記入）<br>　・防火設備が必要な部分に 防 と明記<br>　・断面図の切断位置及び方向<br><br>イ．1 階平面図兼配置図には、次のものを記入する。<br>　・敷地境界線と建築物との距離<br>　・道路から建築物へのアプローチ、駐車スペース、駐輪スペース、スロープ（設けた場合）、門、塀、植栽等<br>　・道路から敷地及び建築物への出入口には▲印を付ける。<br>　・診察室…歯科治療台（2,000 mm × 1,500 mm）を破線にて記入する<br>　・技工室…机（幅は 2,000 mm 以上）、いす<br>　・消毒コーナー…消毒用シンク<br>　・スタッフ室…ベンチ（3 席）、ロッカー（3 人分）<br>　・院長室…机、いす<br>　・便所 A 及び便所 B…洋式便器<br>　・待合室…ソファ、下足入れ<br>　・受付…受付カウンター、カルテ棚<br>　・住宅の玄関…下足入れ<br><br>ウ．2 階平面図には、次のものを記入する。<br>　・1 階の屋根伏図<br>　・ルーフバルコニー…テーブル（4 席）、屋上緑化<br>　・居間…リビングテーブル、ソファ、テレビボード<br>　・食事室・台所…台所設備機器（流し台、調理台、コンロ台、冷蔵庫等）、食器棚、テーブル（4 席）<br>　・洗面脱衣室…洗面化粧台、洗濯機<br>　・浴室…浴槽<br>　・便所…洋式便器、手洗い器<br><br>エ．3 階平面図には、次のものを記入する。<br>　・2 階の屋根伏図（2 階の屋根がある場合）<br>　・夫婦寝室…ベッド（計 2 台）、机、いす<br>　・子ども室…ベッド、机、いす<br>　・便所…洋式便器、手洗い器<br>　・納戸…棚<br>　・部分詳細図（断面）の切断位置及び方向 |
| (4) 立　面　図<br>(1/100) | ア．南側立面図とする。<br>イ．スロープについては外観で見える場合に記入する。 |
| (5) 断　面　図<br>(1/100) | ア．切断位置は、南北方向とし、1 階・2 階・3 階それぞれの開口部を含む部分とする。<br>イ．建築物の外形、床面及び天井面の形状がわかる程度のものとし、構造部材（梁、スラブ、地中梁等）を記入する。<br>ウ．建築物の最高の高さ、軒高、階高、天井高、1 階床高、開口部の内法寸法及び主要な室名を記入する。<br>エ．緑化部分がある場合には、植栽等を記入する。<br>オ．見え掛かりの開口部、階段等（室の対向面に見えるもの）は記入しなくてよい。 |
| (6) 部 分 詳 細 図<br>(1/20) | ア．切断位置は、外壁を含む部分とする。<br>イ．作図の範囲は、3 階屋根部分（屋上のパラペット天端から 3 階の天井仕上面より下方 200 mm 以上）とし、外壁の壁心から 1,000 mm 以上とする。<br>ウ．主要部の寸法等を記入する。<br>エ．主要部材（柱、はり）の名称・断面寸法を記入する。<br>オ．外気に接する部分（屋根、外壁）の断熱措置を記入する。<br>カ．主要な部位（屋根、外壁、内壁、天井）の仕上材料名を記入する。 |
| (7) 面　積　表 | ア．建築面積、床面積及び延べ面積を記入する。<br>イ．建築面積及び床面積については、計算式も記入する。<br>ウ．面積の数値は、小数点以下第 2 位までとし、第 3 位以下は切り捨てる。 |

> 作図内容は、毎年定番のものと、その年だけのものがあります。特にその年特有のものにはチェックをしておいてください。

> 立面図は南面が多いですが、違う可能性もあります。しっかりチェックしよう！

> 部分詳細図の作図の範囲はその年によって変わります。必ず確認をしてください。

## ■出来上がったプラン図

建具などの位置は、はじめのうちは作図前に決めておいてもいいですが、慣れてくると、作図しながら決めることができるようになってきます。

> プランができたらもう一度、問題条件（特に大きな条件）を確認しよう。

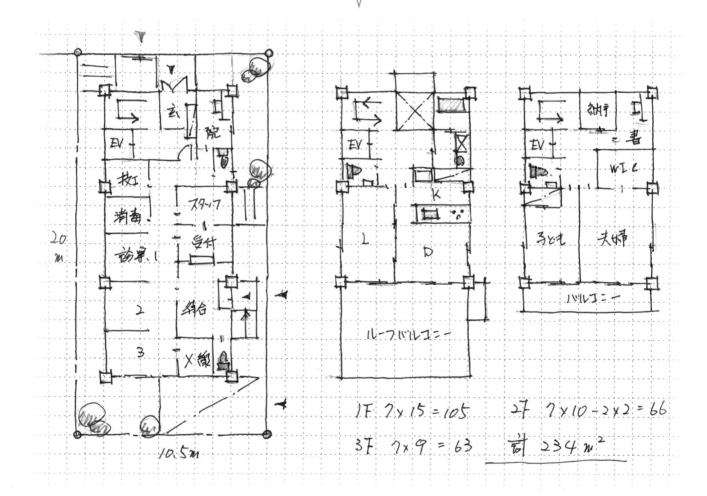

$$1F \quad 7 \times 15 = 105 \qquad 2F \quad 7 \times 10 - 2 \times 2 = 66$$

$$3F \quad 7 \times 9 = 63 \qquad \underline{計 \quad 234 \, m^2}$$

作図に入る前に面積計算を行なってください。
もしかしたら、オーバーしていたり不足していたりする可能性があります。

# 平面図

● 柱を記入する

6ミリ角のテンプレートを使用して柱を記入します。下書き線で記入してください。

柱の記入は、全ての階の平面図で行なっておきます。

平面図の描き方は
全て1/100のスケールで
記載しています。

まずはじめに、プラン図を元に壁の中心線を下書き線で引くのが基本ですが、印刷されている方眼のために線が見えにくいのと時間の節約のために中心線は省略します。

ただし、慣れないうちは、中心線を引いて練習してもいいでしょう。

記入し終わったら、
正しい位置に記入されているか
確認しておこう。
ずれていることにあとから
気が付くと大変です。

7m

横幅 7mOK ですね。
境界線との空き寸法（建物配置）も
合っているか確認しておきましょう。

## ● 壁を記入する

下書き線で壁の位置を確認します。

壁の厚みは、コンクリート壁は 200mm、帳壁は 100mm 程度です。

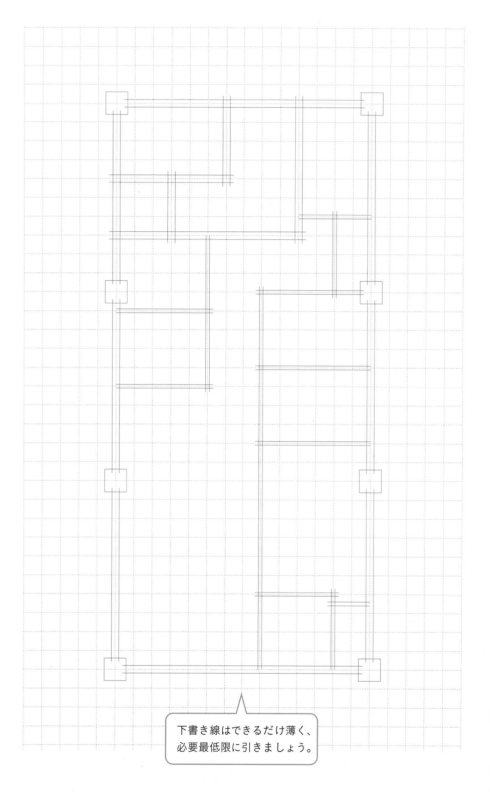

下書き線はできるだけ薄く、
必要最低限に引きましょう。

### 帳壁とは

間仕切りの目的で設置する壁の
ことで、構造的には役割を担い
ません。一般的には、木材や軽
量鉄骨が使用されます。コスト
をおさえたり、工期を短くする
ことができるのがメリットです。
コンクリート壁にする必要がな
いところは、なるべく、帳壁で
表現するようにします。

### コンクリート壁にしたいところ

・外壁

・階段、エレベーター回り

・用途境（住宅と住宅以外の部
　分の間の壁）

上記以外の壁については、原則、
帳壁で表現しておいてください。

RC造も木造と同じで、壁の厚みは測
らないで目分量で取れるようになる
と作図スピードが速くなります。練
習するとできるようになります。
p.140の動画を参考にしてみてくだ
さい。

## ● 開口部、柱、壁を記入する

　開口部の位置を決めれば壁を描くことができます。開口部を先に記入し、その次に、柱や壁を描いていきます。

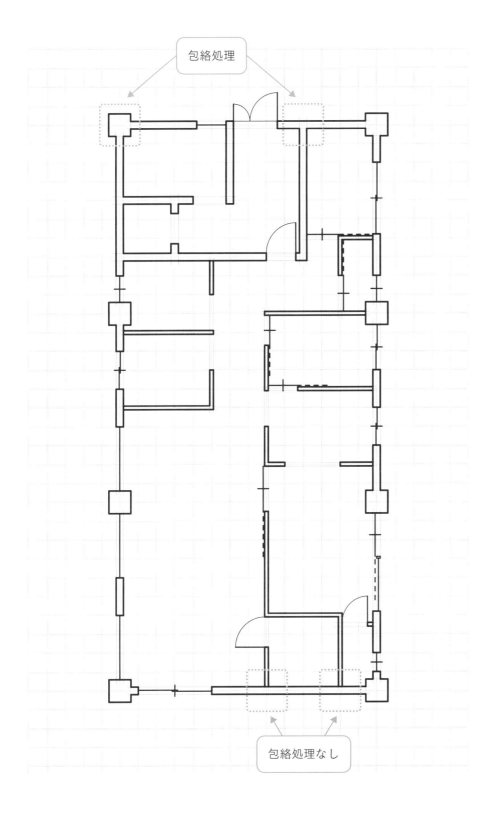

包絡処理

包絡処理なし

包絡処理とは
壁と壁が合わさる場合など、一体的に表現するために間の線をなくすことを言います。

### コンクリートの柱と壁
同じコンクリート同士なので包絡処理をします。

柱　壁
壁

### コンクリートの壁と壁
同じコンクリート同士なので包絡処理をします。

コンクリート同士

### コンクリートの壁と帳壁
材料が違うので縁を切ります。包絡処理はしません。

帳壁

コンクリート

### 断面と見え掛かり
同じ材料同士でも、断面と見え掛かりになる場合は、縁を切るように表現します。

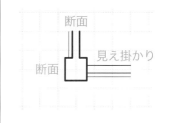

断面
見え掛かり
断面

● 階段、家具などを記入する

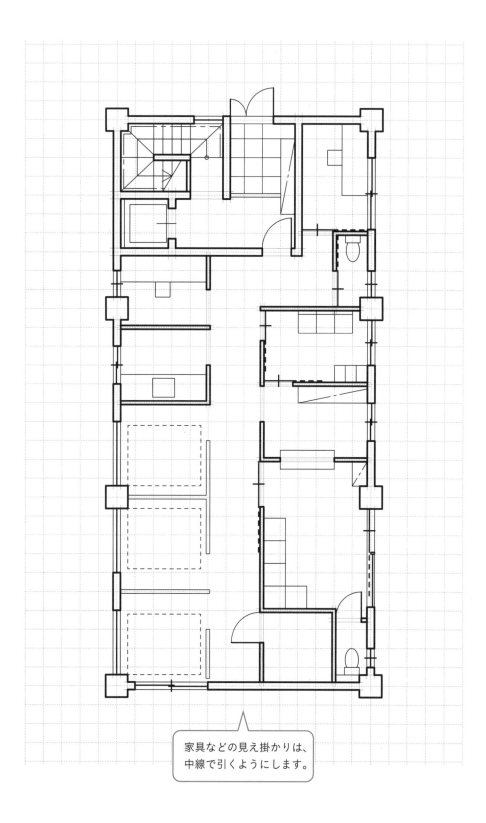

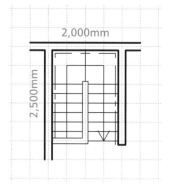

階段の大きさ

**住宅の場合**
それほど広い階段は必要ありません。

2,000mm
2,500mm

**施設や店舗の場合**
不特定多数の人が利用しますので、広めに計画します。

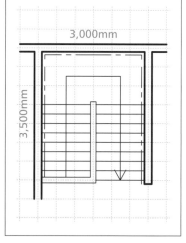

3,000mm
3,500mm

家具などの見え掛かりは、中線で引くようにします。

家具などの大きさや描き方は、p. 23 を参考にしてください。

● 室名、寸法線、断面図の切断位置、外構などを記入する

完成です！

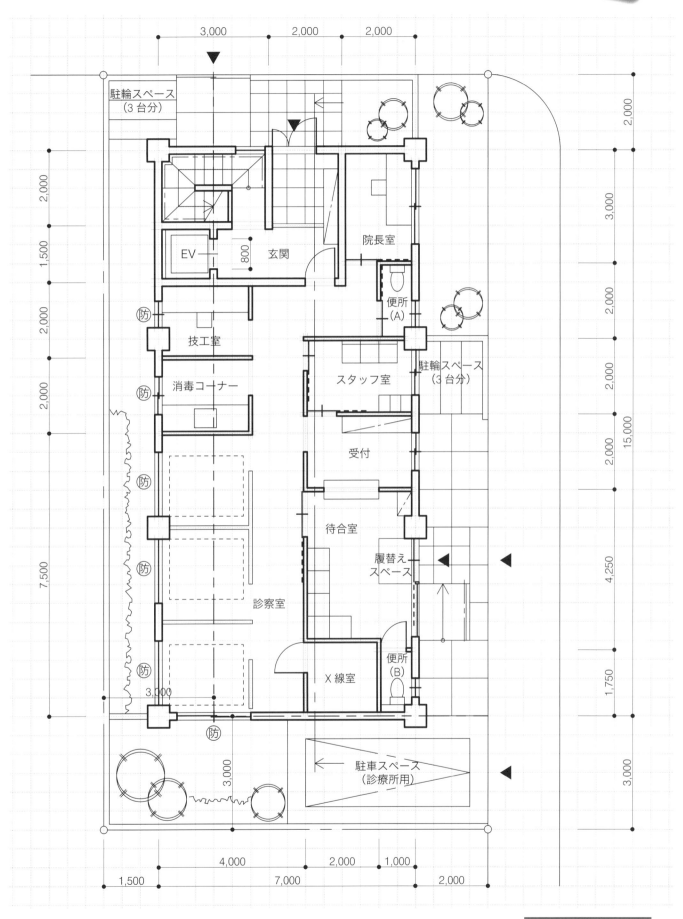

駐輪スペース
（3台分）

EV

800

玄関

院長室

便所
（A）

技工室

消毒コーナー

スタッフ室

駐輪スペース
（3台分）

受付

待合室

履替え
スペース

診察室

X線室

便所
（B）

駐車スペース
（診療所用）

3,000　2,000　2,000

2,000　1,500　2,000　2,000

7,500

3,000

3,000　2,000　1,000

1,500　7,000　2,000

2,000

3,000

2,000

2,000

15,000

4,250

1,750

3,000

縮尺：1/100

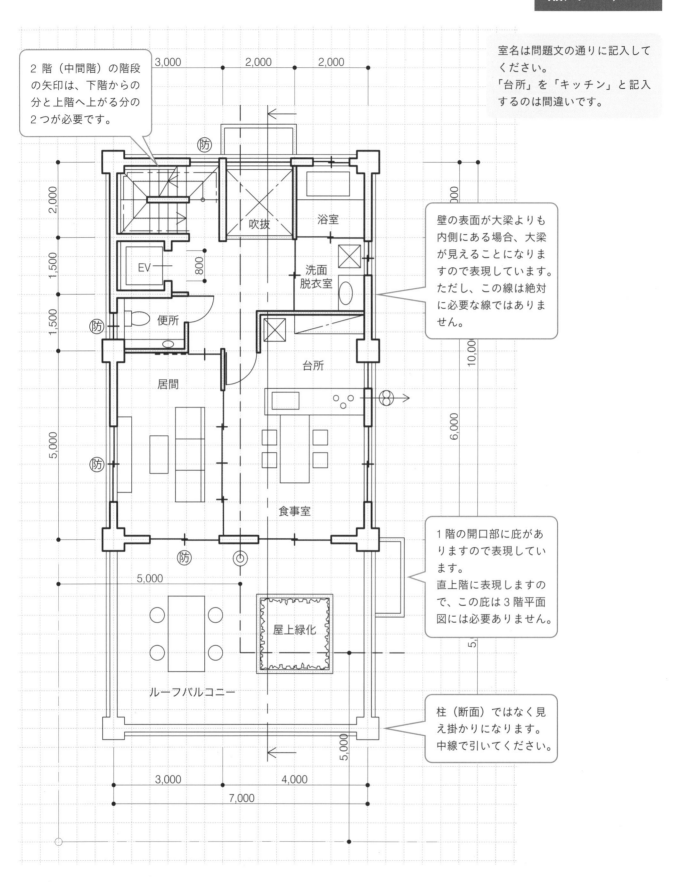

2 階（中間階）の階段の矢印は、下階からの分と上階へ上がる分の2つが必要です。

室名は問題文の通りに記入してください。
「台所」を「キッチン」と記入するのは間違いです。

壁の表面が大梁よりも内側にある場合、大梁が見えることになりますので表現しています。ただし、この線は絶対に必要な線ではありません。

1 階の開口部に庇がありますので表現しています。
直上階に表現しますので、この庇は 3 階平面図には必要ありません。

柱（断面）ではなく見え掛かりになります。中線で引いてください。

防
吹抜
浴室
EV
洗面脱衣室
便所
台所
居間
食事室
屋上緑化
ルーフバルコニー

3,000　2,000　2,000
2,000
1,500
1,500
800
5,000
5,000
3,000　4,000
7,000
5,000
6,000
10,000

## ■3階平面図

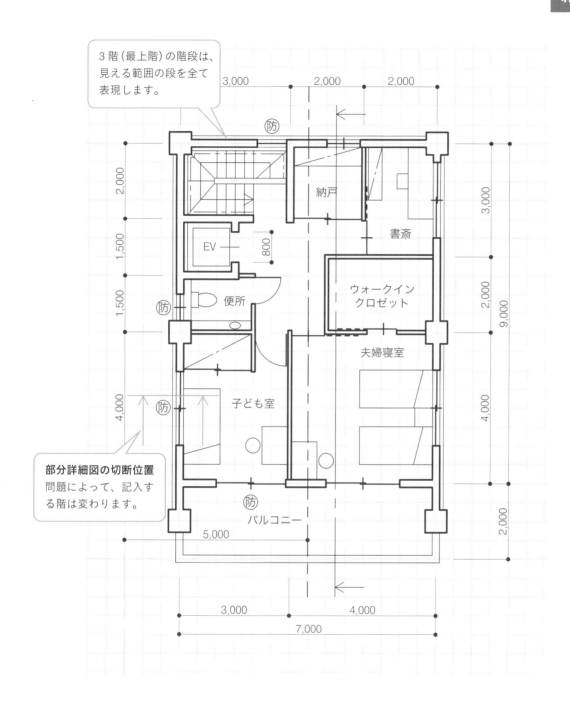

3階（最上階）の階段は、見える範囲の段を全て表現します。

部分詳細図の切断位置
問題によって、記入する階は変わります。

納戸

書斎

EV

800

便所

ウォークイン
クロゼット

夫婦寝室

子ども室

バルコニー

防

3,000　2,000　2,000

2,000

1,500

1,500

4,000

3,000

2,000

9,000

4,000

2,000

5,000

3,000　4,000

7,000

## ■延焼のおそれのある範囲

　延焼ラインの記入が求められることがあります。延焼のおそれのある部分とは、隣地境界線、または、道路中心線から、1階は3mの範囲、2階以上の階は5mの範囲にある建物の部分を言います。その範囲にある開口部は、防火設備（網入りガラスなど）にする必要があります。

2階3階の平面図は、1階平面図の高さ位置とできるだけそろえて作図するようにしてください。

# 断面図

　断面図は、東西方向（横）に切断して北側を見た図とするか、南北方向（縦）に切断して西側を見た図とします。特に条件がなければ、東西方向に切断した方が作図が楽ですし、ミスも少ないと言えます。ただ、RC造課題（特に3階建ての場合）については、南北方向に切断位置が指定される可能性が高くなっています。

　RC造の断面図を作図するには、構造がわかっていることが必要です。柱と梁の取り合いや、パラペットやバルコニーがどのように接合されているのかなどを理解するようにしてください。

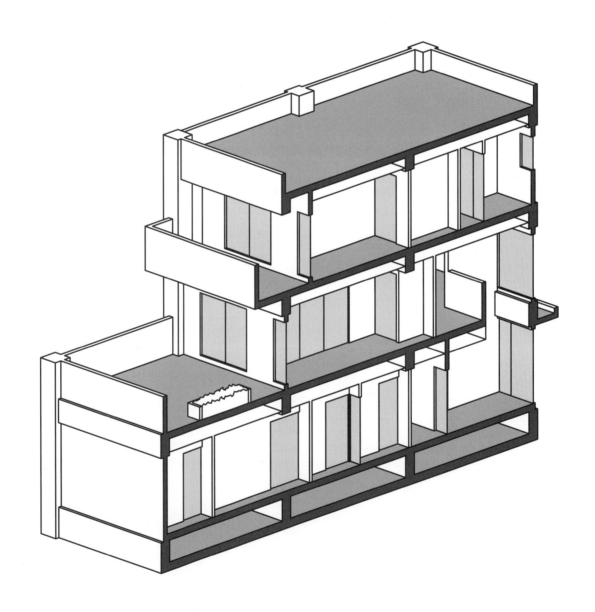

切断したところをイメージするのが、
なかなか難しいんですよね。

● 高さ位置の点を取る

覚えておく必要があります。

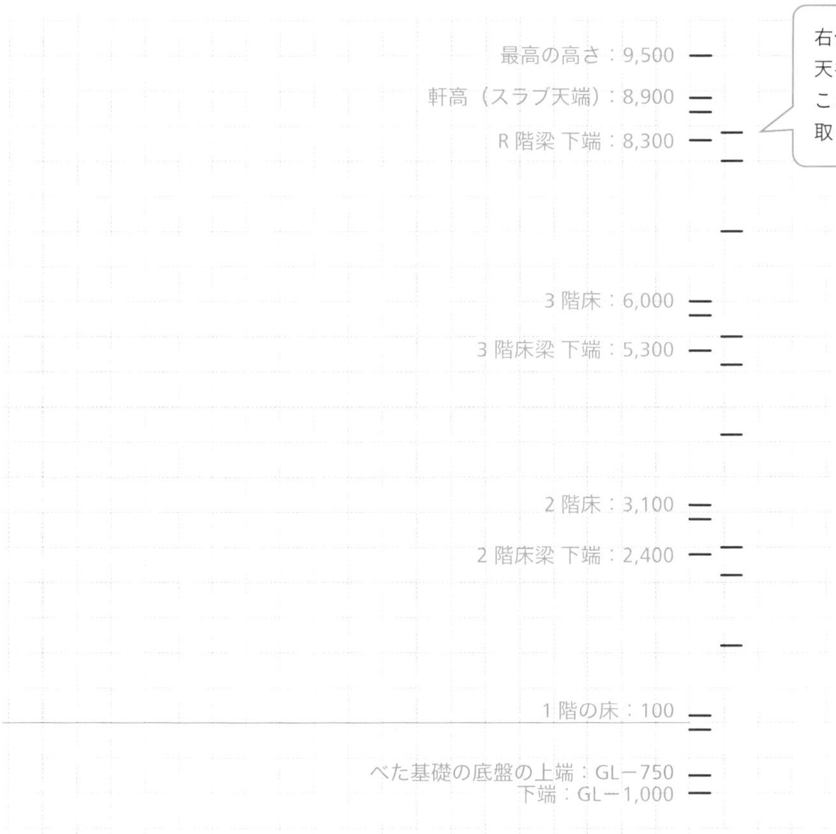

最高の高さ：9,500 ―

軒高（スラブ天端）：8,900 ―

R 階梁 下端：8,300 ―

> 右側の点は、開口部と天井の高さです。
> ここではなく、後から取ってもいいでしょう。

3 階床：6,000 ―

3 階床梁 下端：5,300 ―

高さ設定は、設計課題が決まればほぼ決まります。また、3 階建ての場合は、軒の高さを 9m 以下とする必要があるため、ほぼ固定されます。

軒高は、大梁の天端高さになります。

2 階床：3,100 ―

2 階床梁 下端：2,400 ―

開口部と天井高さは、GL からではなく各階の床から取るとわかりやすいです。

1 階の床：100 ―

べた基礎の底盤の上端：GL－750 ―
下端：GL－1,000 ―

● 梁の幅（4 ミリ）、壁の幅（2 ミリ）を取る

テンプレートを使うと速いです。

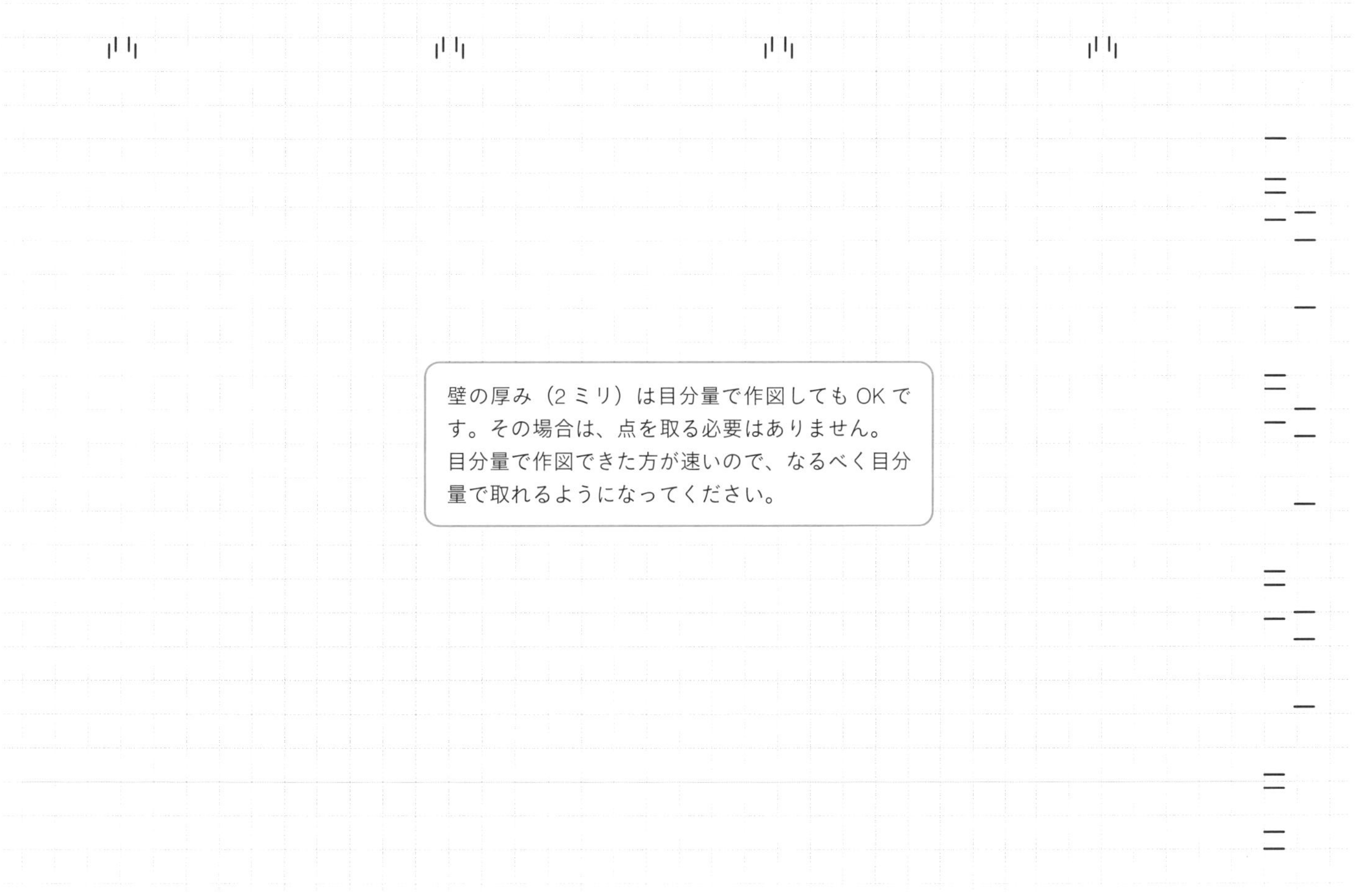

> 壁の厚み（2 ミリ）は目分量で作図しても OK です。その場合は、点を取る必要はありません。
> 目分量で作図できた方が速いので、なるべく目分量で取れるようになってください。

● パラペット天端、床スラブ、梁の下端位置を下書き線で引く

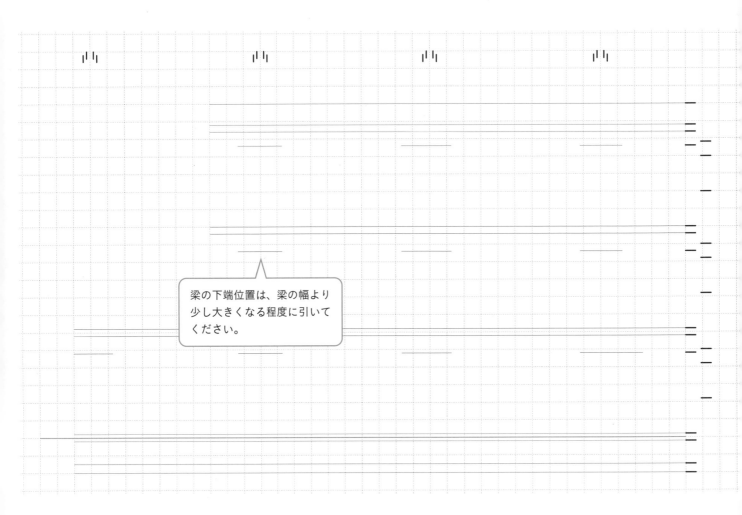

梁の下端位置は、梁の幅より少し大きくなる程度に引いてください。

● 壁、開口部の位置を下書き線で引く
バルコニーなどがあれば、それらも引いておきます。

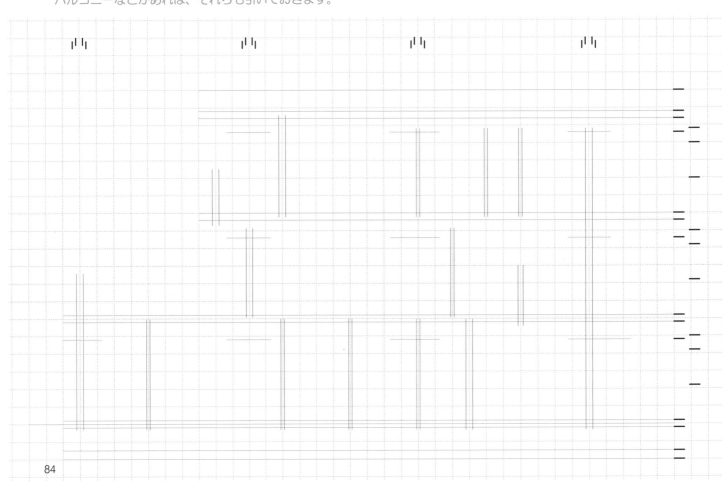

● 梁の幅（縦線）を仕上げる
パラペットもついでに描いてください。

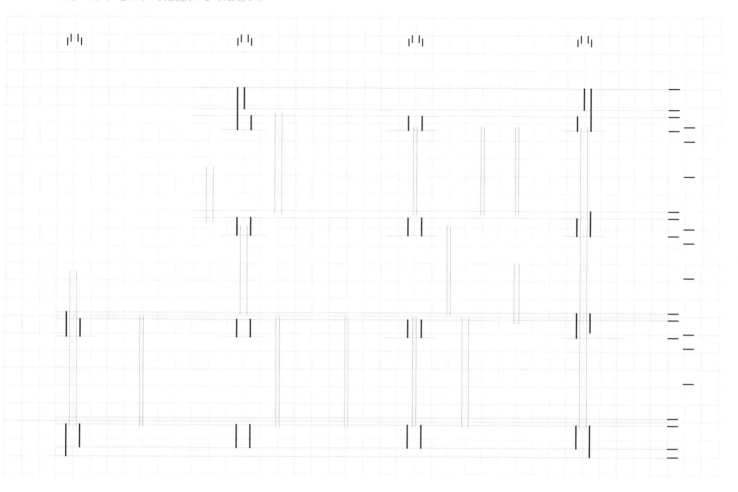

● 次に横線を仕上げる
パラペット天端、各階の床スラブ、開口部の高さ、梁など。

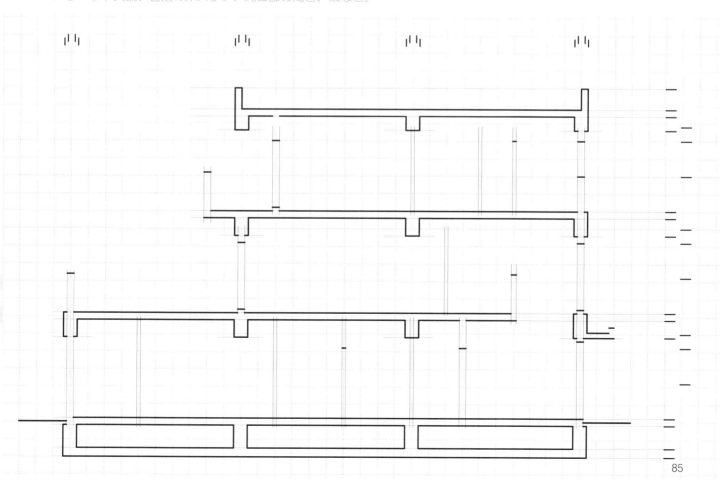

● 天井の線を引く

高さなどの点は、不要になれば消しておいてください。

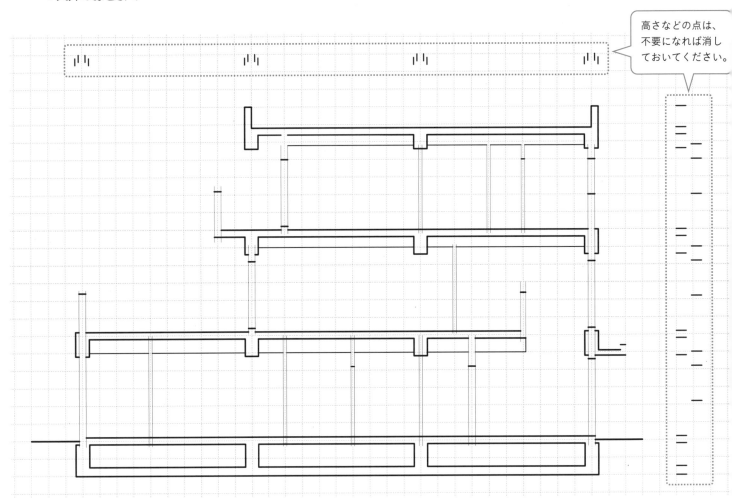

● 壁の縦線と開口部を仕上げる

余計に引いた下書き線もできるだけ消しておきましょう。

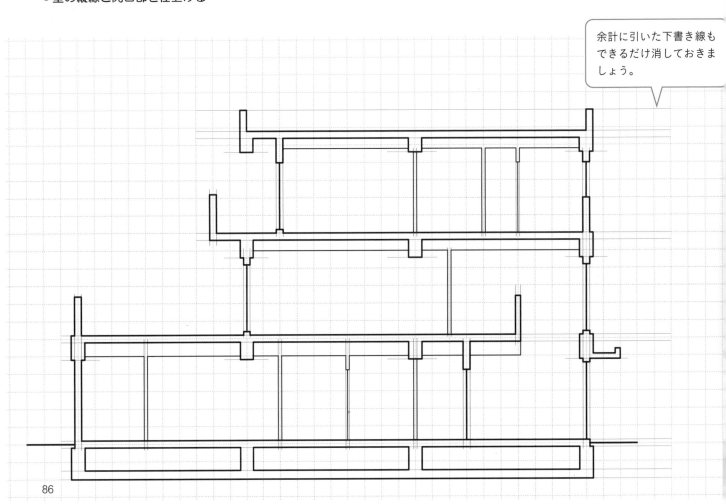

完成です！

●開口部の内法寸法、天井高さ、最高高さ、軒高、階高、1階床高さ、室名、（植栽）を記入して完成

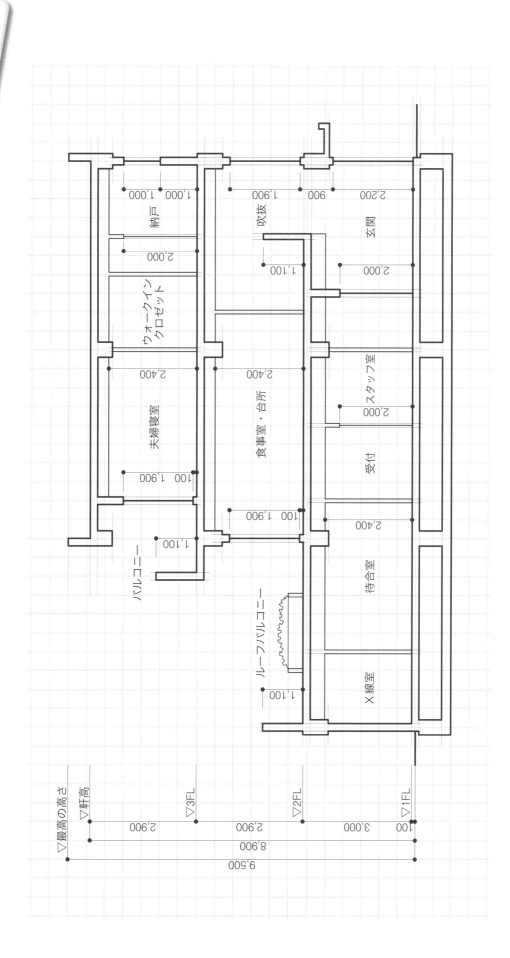

## 立面図（南立面図）

　立面図は、建物を外側から見た姿図になります。原則、東西南北の4方向の図面となりますが、製図試験で作図するのはいずれかの1面だけです。どの面を作図するかは、当日の問題を見て確認することになります。

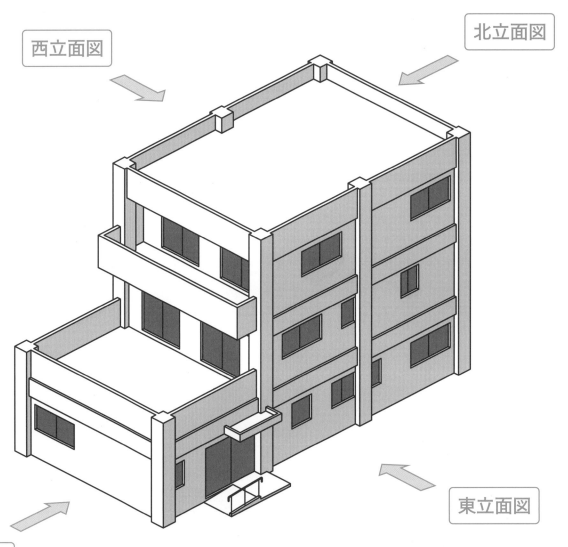

西立面図

北立面図

東立面図

南立面図

過去の試験を見てみると南側の立面図が要求されることが多いですが、練習では4面全て作図できるようになっておいてください。

## ● 高さ位置を取る（最高高さ、床高さ、梁の位置など）

設定する床高さや階高は、課題（建物用途）によって変わりますが、設計課題が発表されましたら、概ね統一して練習して大丈夫です。

3 階建ての場合は、軒高を 9m 以下にする必要がありますので、各階高は概ね 3,000 mm 前後となります。2 階建ての場合で、施設や店舗などを計画する場合は、階高を高くすることがあります。

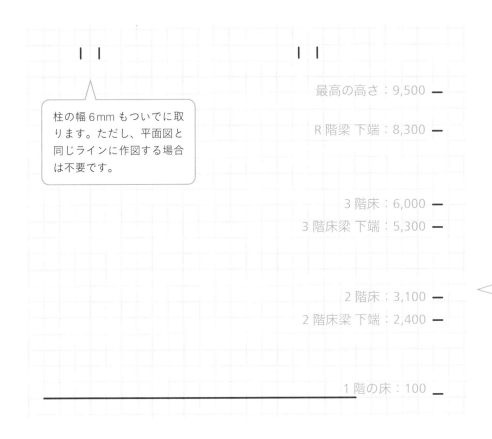

柱の幅 6 mm もついでに取ります。ただし、平面図と同じラインに作図する場合は不要です。

最高の高さ：9,500 ―

R 階梁 下端：8,300 ―

3 階床：6,000 ―
3 階床梁 下端：5,300 ―

断面図と同じ高さ位置に作図する場合は、断面図で取った点を利用してください。

2 階床：3,100 ―
2 階床梁 下端：2,400 ―

1 階の床：100 ―

## ● 建物の輪郭を描く

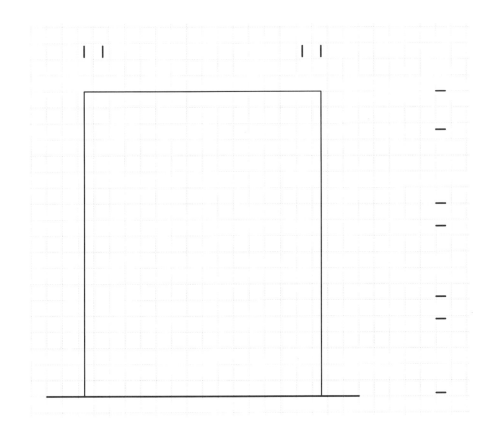

立面図は輪郭を先に描くと後がわかりやすいです。
それと、手前にあるものから描くように意識してください。

● バルコニーの手すり高さの点を取って、下書き線を引く

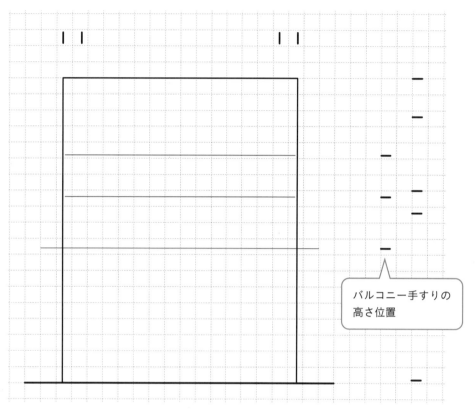

片持ちのバルコニーなど、建物の本体より手前にあるものは、先に作図するようにします。

バルコニー手すりの
高さ位置

● バルコニーを仕上げる

縦の線の位置は測ってもいいですが、目分量でも OK です。

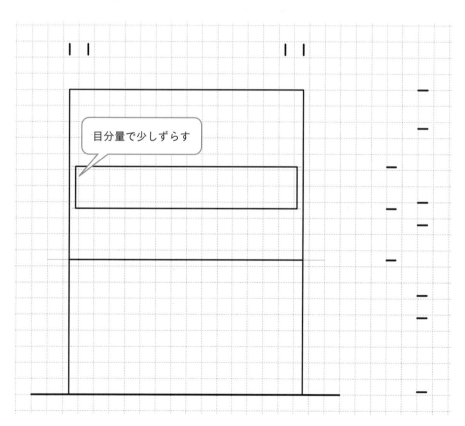

目分量で少しずらす

● 柱と梁を仕上げる

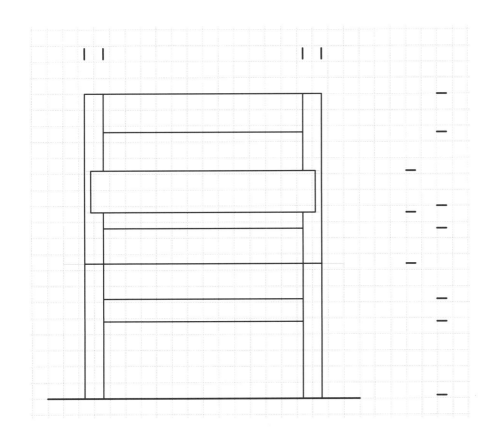

輪郭がありますので、柱と梁は下書
き線なしで引くことができます。柱
の線を先に引くようにしてください。

● 窓の高さの点を取って、下書き線を引く

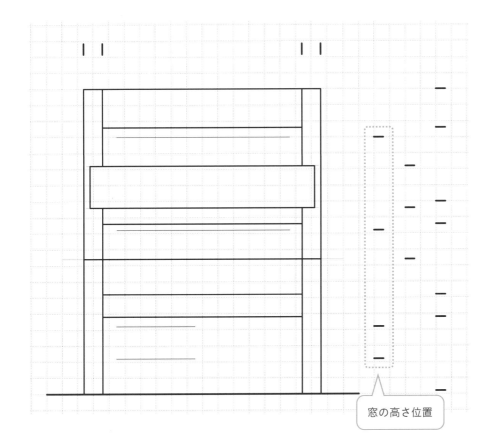

窓の高さ位置

窓の高さも断面図で取った点を使う
ことができれば使ってください。

● 窓を記入する

側面にある庇やポーチも記入します。

以上で完成です。

完成です！

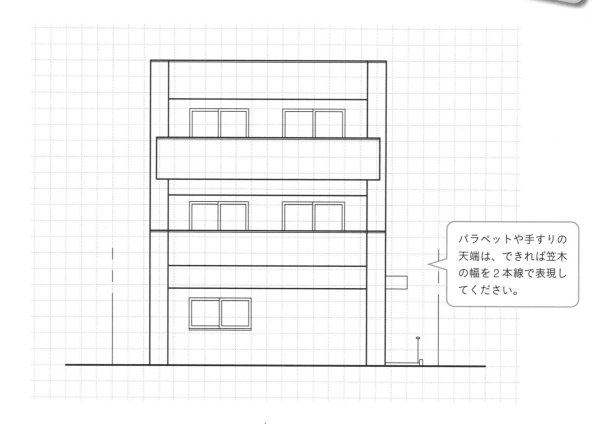

パラペットや手すりの天端は、できれば笠木の幅を2本線で表現してください。

窓が横に複数並んでいる場合は、同時に描くようにしましょう。

縮尺：1/100

立面図で記入が求められる可能性があるもの

・最高の高さ

・屋外スロープ

・隣地境界線

建物以外のものについては、原則、記入が求められていなければ作図は不要です。

# 部分詳細図

## ■屋上（パラペット）部分

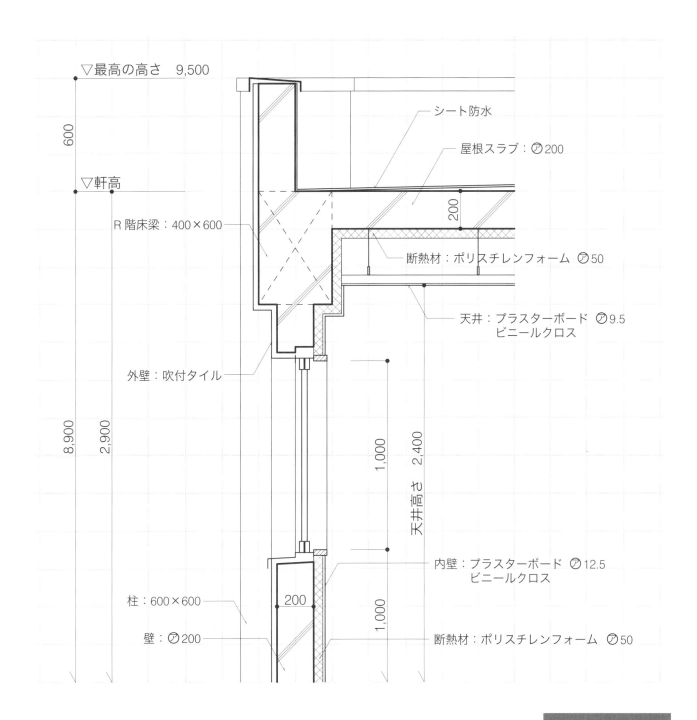

▽最高の高さ　9,500

600

▽軒高

R 階床梁：400×600

外壁：吹付タイル

8,900

2,900

柱：600×600

壁：⑦200

200

シート防水

屋根スラブ：⑦200

200

断熱材：ポリスチレンフォーム ⑦50

天井：プラスターボード ⑦9.5
ビニールクロス

天井高さ　2,400

1,000

1,000

内壁：プラスターボード ⑦12.5
ビニールクロス

断熱材：ポリスチレンフォーム ⑦50

縮尺：1/20

詳細図は、コンクリート躯体
（梁・床スラブ・壁）から描く
ようにします。

■ 2階（3階）床部分

縮尺：1／20

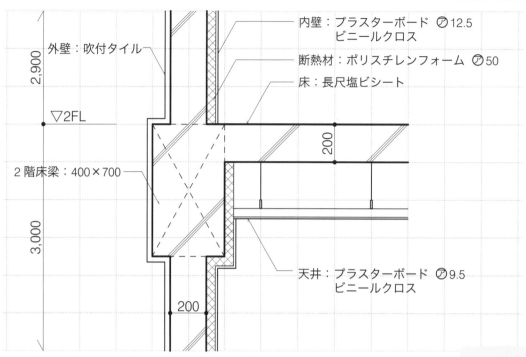

外壁：吹付タイル

2,900

▽2FL

2 階床梁：400×700

3,000

200

内壁：プラスターボード ㋜12.5
ビニールクロス

断熱材：ポリスチレンフォーム ㋜50

床：長尺塩ビシート

200

天井：プラスターボード ㋜9.5
ビニールクロス

コンクリートの線は、
一番太い線で引いて
ください。

■ 1 階床及び基礎部分

縮尺：1／20

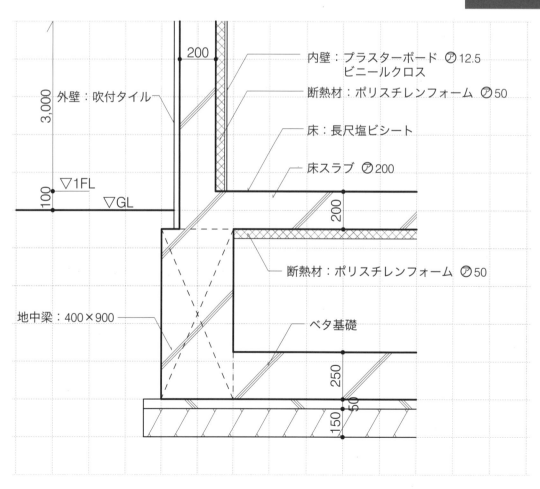

200

外壁：吹付タイル

3,000

▽1FL

100

▽GL

地中梁：400×900

内壁：プラスターボード ㋜12.5
ビニールクロス

断熱材：ポリスチレンフォーム ㋜50

床：長尺塩ビシート

床スラブ ㋜200

200

断熱材：ポリスチレンフォーム ㋜50

ベタ基礎

250

50

150

# 第三章
# 木造課題
# 試験問題とポイント解説

　毎年6月に、その年行なわれる設計製図試験の設計課題が発表されます。例えば、「設計事務所を併設する住宅」などです。当然、受験生は設計事務所の計画ができるように試験対策を行ないます。でも、本番の問題のポイントが設計事務所でなかったら……。

　試験元はこのように考えています。本当に建築士として相応しい人、建築に対する知識や技術をきちんと備えた人に建築士になってもらいたいと。よって、そのための試験である必要があります。

　これはどういうことかと言いますと、試験の直前に、にわか的にその知識を得たような人ではなく、きちんと建築の計画を理解している人、このような人を選別しようとしているのです。

### そのためにはどのような問題にすればいいか。

　資格学校が当然のように教える知識、それだけでは対応できないような問題です。設計事務所の計画ができるのは当然として、それ以外に、建築の基本が理解できているかどうかを確認できるような問題にしよう。このようになってきます。

### このような問題にするには、もう1つ理由があります。

　それは、資格学校が教える内容で対応できるような問題だと、ほとんどの受験生ができてしまい、合否の判定が難しくなるということです。

　合格率は約半数の試験です。合格できなかった人には、不合格であることを納得してもらう必要があります。手応えがあったのに不合格だと、受験生は納得できないですよね。なので、受験生全員に手応えを感じてもらってはいけないのです。

　したがって、試験対策としては、その年に発表される設計課題に対する知識を得ることはもちろんとして、本番で初めて見る問題に対し、その問題のポイントをつかむ必要があります。そのポイントにはどのようなものがあるのか、それをこの章で学んでください。

この章では、令和4年、2年、元年の試験問題に対して、そのポイントを解説しています。また、平成29年、28年、26年の問題に対しては、学芸出版社のサイトより確認することができます。登録方法はp.7をご覧ください。

過去問題については、QRコードから合格した人の再現図面を見ることができますよ。とっても参考になると思います。

## 設計課題「保 育 所 （木造）」

### 1. 設計条件

ある地方都市の市街地において、公園に隣接する敷地に保育所を計画する。

なお、この保育所は、小規模保育事業による施設である。

計画に当たっては、次の①〜③に特に留意する。

①乳児室、ほふく室及び保育室は、自然採光及び自然換気を積極的に取り入れる計画とする。

②建築物及び屋外施設等は、安全・防犯に配慮する。

③建築物の環境負荷低減（省エネルギー等）に配慮する。

**(1) 敷地**

ア．形状、道路との関係、方位等は、右に示す敷地図のとおりである。

イ．第１種住居地域内にあり、防火・準防火地域の指定はない。

ウ．建蔽率の限度は 60％、容積率の限度は 200％である。

エ．地形は平坦で、道路及び隣地との高低差はなく、地盤は良好である。

オ．電気、都市ガス、上水道及び公共下水道は完備している。

**(2) 構造、階数、建築物の高さ等**

ア．木造２階建てとする。

イ．建築物の最高の高さは 10 m 以下、かつ、軒の高さは 7 m 以下とする。

ウ．耐力壁（筋かい等を設けた構造上有効な壁）は、必要な量をバランスよく配置する。

**(3) 延べ面積等**

ア．延べ面積は、「200 m² 以上、250 m² 以下」とする。

イ．ピロティ、玄関ポーチ、屋外遊戯場、屋外スロープ、駐車スペース、駐輪スペース等は、床面積に算入しないものとする。

**(4) 人員構成等**

ア．保育所の定員は 15 名、受入対象の乳幼児は 0 歳児から 2 歳児とする。

イ．保育所の職員は 9 人（所長１人、保育士６人、事務員１人、調理員１人）とする。

敷地図（縮尺：1／500、単位：mm）

17,000

宅 地

道 路

6,000

宅　隣
　　地
地　（宅地）

敷地
（289.00m²）

公
園

17,000

隣 地
（宅 地）

N

**(5) 要求室等**

下表の全ての室等は、指定された設置階に計画する。

| 設置階 | 室 名 等 | 特 記 事 項 |
|---|---|---|
| 1 階 | 玄関ホール | ア．下足入れを設ける。<br>イ．ベビーカーを３台程度置く広さを確保する。 |
| | 乳 児 室<br>（0 歳児用） | ア．定員は、3 人とする。<br>イ．床面積は、乳児１人につき 3.3 m² 以上とする。（収納等の面積は含まない。）<br>ウ．収納及び手洗い器を設ける。 |
| | ほふく室<br>（1 歳児用） | ア．定員は、6 人とする。<br>イ．床面積は、幼児１人につき 3.3 m² 以上とする。（収納等の面積は含まない。）<br>ウ．収納及び手洗い器を設ける。 |
| | 保 育 室<br>（2 歳児用） | ア．定員は、6 人とする。<br>イ．床面積は、幼児１人につき 1.98 m² 以上とする。（収納等の面積は含まない。）<br>ウ．収納及び手洗い器を設ける。<br>エ．屋外遊戯場と直接行き来できるようにする。 |
| | 調 乳 室 | ・流し台を設ける。 |
| | 沐 浴 室 | ・沐浴槽及び洗濯機を設ける。 |
| | 幼児用便所 | ・幼児用大便器を 2 箇所設置する。 |
| | 事 務 室 | ア．受付カウンターを設ける。<br>イ．事務机（計 5 台以上）を設ける。<br>ウ．医務コーナーを設ける。 |

| 設置階 | 室 名 等 | 特 記 事 項 |
|---|---|---|
| 1 階 | 調 理 室 | ・流し台、調理台、コンロ台及び冷蔵庫を設ける。 |
| | 倉 庫 A | |
| | 便 所 A | ・職員用の便所とし、男女別に設ける。 |
| | 多機能便所 | ア．職員及び来客が使用する。<br>イ．広さは、心々 1,820 mm × 1,820 mm 以上とする。 |
| 2 階 | 相 談 室 | ア．保護者との育児相談等に使用する。<br>イ．広さは、20 m² 以上とする。<br>ウ．テーブル及び椅子（計 5 席以上）を設ける。 |
| | 休 憩 室 | ア．職員の休憩に使用する。<br>イ．テーブル及び椅子（計 5 席以上）を設ける。<br>ウ．給湯コーナーを設ける。 |
| | 更 衣 室 | ア．職員の更衣に使用する。<br>イ．男女別に設ける。<br>ウ．ロッカーを設ける。 |
| | 倉 庫 B | |
| | 便 所 B | ・男女別に設ける。 |

(注 1) 各要求室等において、床面積・広さの指定がない場合、床面積は適宜とする。

(注 2) 階段は、安全を確保するために、蹴上げの寸法を 180 mm 以下、踏面の寸法を 225 mm 以上とする。

**(6) 屋外施設等**

屋外に下表のものを計画する。

| 屋 外 遊 戯 場 | ア．広さは、20 m² 以上とする。<br>イ．保育室と直接行き来できるようにする。<br>ウ．下足入れ及び手・足洗い場を設ける。 |
|---|---|
| 敷地内の通路 | ・玄関の出入口から道路に通ずる通路は、安全に避難できるように、有効幅員 1.5 m 以上とする。 |
| 屋外スロープ | ・敷地内の通路の計画において高低差が生じる場合は、屋外スロープ（勾配は 1/15 以下）を設ける。 |
| 駐車スペース | ・2 台分を設け、うち 1 台分を幅 3,500 mm 以上とする。 |
| 駐輪スペース | ・6 台分を設ける。 |
| 門・塀・植栽等 | |

## 2. 要求図書

a. 答案用紙の定められた枠内に、下表の要求図書を記入する。（寸法線は、枠外にはみだして記入してもよい）。
b. 図面は黒鉛筆仕上げとする。（定規を用いなくてもよい。）
c. 記入寸法の単位は、mm とする。なお、答案用紙の1目盛は、4.55mm（矩計図にあっては、10mm）である。
d. シックハウス対策のための機械換気設備等は、記入しなくてよい。

| 要 求 図 書<br>（ ）内は縮尺 | 特 記 事 項 |
|---|---|
| (1) 1 階 平 面 図<br>兼<br>配 置 図<br>(1/100)<br><br>(2) 2 階 平 面 図<br>(1/100) | ア．1階平面図兼配置図及び2階平面図には、次のものを記入する。<br>・建築物の主要な寸法<br>・室名等<br>・「通し柱」を○印で囲み、「耐力壁」には△印を付ける。<br>・矩計図の切断位置及び方向<br><br>イ．1階平面図兼配置図には、次のものを記入する。<br>・敷地境界線と建築物との距離<br>・道路から建築物へのアプローチ、屋外遊戯場、屋外スロープ（高低差が生じる場合）、駐車スペース、駐輪スペース、門、塀、植栽等<br>・道路から敷地及び建築物への出入口には、▲印を付ける。<br>・玄関ホールの土間部分の地盤面からの高さ<br>・乳児室、ほふく室及び保育室の床高<br>・玄関ホール…下足入れ<br>・乳児室、ほふく室及び保育室…収納及び手洗い器<br>・調乳室…流し台<br>・沐浴室…沐浴槽及び洗濯機<br>・幼児用便所…幼児用大便器<br>・事務室…受付カウンター、事務机及び椅子<br>・調理室…流し台、調理台、コンロ台及び冷蔵庫<br>・便所A…洋式便器<br>・多機能便所…洋式便器<br>・屋外遊戯場…下足入れ及び手・足洗い場<br><br>ウ．2階平面図には、次のものを記入する。<br>・1階の屋根伏図（平家部分がある場合）<br>・相談室…テーブル及び椅子<br>・休憩室…テーブル及び椅子<br>・更衣室…ロッカー<br>・便所B…洋式便器 |
| (3) 2 階 床 伏 図<br>兼<br>1 階小屋伏図<br>(1/100) | ア．主要部材（通し柱、1階及び2階の管柱、胴差、2階床梁、桁、小屋梁、火打梁、棟木、母屋、小屋束など必要なもの）については、凡例の表示記号にしたがって記入し、断面寸法（小屋束を除く。）を凡例欄に記入する。ただし、主要部材のうち、平角材又は丸太材としたものについては、その断面寸法を図面上に記入する。なお、根太及び垂木については、記入しなくてよい。<br>イ．火打梁の代わりに、構造用面材による床組とする場合には、胴差、床梁、桁を記入したうえで構造用合板の厚さ、釘の種類・打ち付け間隔を明記する。<br>ウ．その他必要に応じて用いた表示記号は、凡例欄に明記する。<br>エ．建築物の主要な寸法を記入する。 |
| (4) 立 面 図<br>(1/100) | ア．東側立面図とする。<br>イ．建築物の最高の高さを記入する。 |
| (5) 矩 計 図<br>(1/20) | ア．切断位置は、1階及び2階の外壁を含む部分とし、1階又は2階の少なくともどちらかに開口部を含むものとする。<br>イ．作図の範囲は、柱心から1,000mm以上とする。<br>ウ．矩計図として支障のない程度であれば、水平方向及び垂直方向の作図上の省略は、行ってもよいものとする。<br>エ．主要部の寸法等（床高、天井高、階高、軒高、軒の出、開口部の内法、屋根の勾配）を記入する。<br>オ．主要部材（基礎、土台、胴差、2階床梁、2階根太、桁、小屋梁、母屋、垂木など必要なもの）の名称・断面寸法を記入する。<br>カ．床下換気口（又は、これに代わるもの）の位置・名称を記入する。<br>キ．アンカーボルト、羽子板ボルト等の名称・寸法を記入する。<br>ク．屋根（小屋裏が外気に通じている場合は、屋根の直下の天井）、外壁、その他必要と思われる部分の断熱・防湿措置を記入する。<br>ケ．室名及び内外の主要な部位（屋根、外壁、床、内壁、天井）の仕上材料名を記入する。<br>コ．外壁の仕上げについては、乾式工法によるものとする。 |
| (6) 面 積 表 | ア．建築面積、床面積及び延べ面積を記入する。<br>イ．建築面積及び床面積については、計算式も記入する。<br>ウ．面積の数値は、小数点以下第2位までとし、第3位以下は切り捨てる。 |
| (7) 計画の要点等 | ・建築物等の計画に関する次の①～③について、具体的に記述する。<br>　①乳児室、ほふく室及び保育室の自然採光及び自然換気について、配慮した点<br>　②安全・防犯について、配慮した点<br>　③建築物の環境負荷低減（省エネルギー等）について、配慮した点 |

## ■令和4年の解説

### この問題のポイント！

- ☑ 自然採光と自然換気について、乳児室、ほふく室、保育室の全ての室において2面開口を設けることを考えないこと。

- ☑ 東側の公園については、関連する具体的な条件がないので、あまり意識しすぎないこと。

- ☑ 要求室の数が多いのと意外に計画可能範囲が狭いことにいち早く気付くこと。また、無難な着地点を自分の持ち時間内に決定すること。

### 計画可能範囲

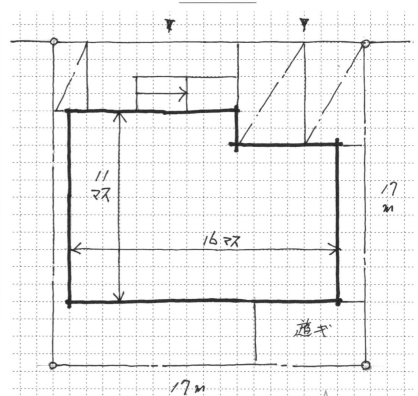

### 機能図

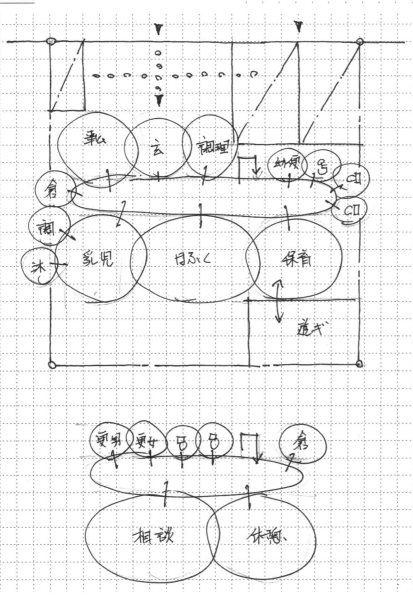

1階に計画する室が多い割に計画できるスペースが狭い。また、求められている屋外施設が多く、南側の空き寸法を確保しにくい。これらの点に対して、いかに早い段階で対応策を見つけることができるかが重要。

各要求室は、廊下からの出入りを原則とするが、使用するのが乳児室からと決まっている調乳室や沐浴室については、乳児室からの出入りでも差し支えない（実際にはそのような動線計画になっている保育所が多い）。

幼児用便所については、廊下からの出入りとしてもいいが、利用がほふく室と保育室からになるので、その両室から出入りできるように計画することも可能。

2階は面積的に余裕を持って計画できるので、できるだけ構造に無理がなくシンプルなプランになるように心がける。

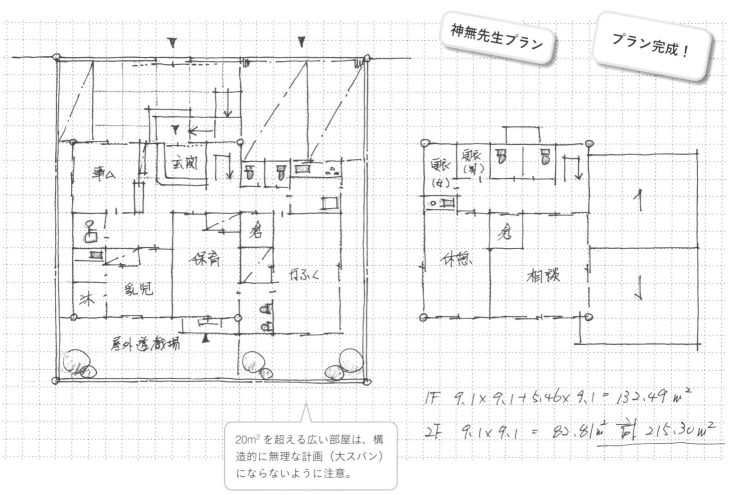

神無先生プラン

プラン完成！

$$1F \quad 9.1 \times 9.1 + 5.46 \times 9.1 = 132.49 \, m^2$$

$$2F \quad 9.1 \times 9.1 = 82.81 \, m^2 \quad \text{計} \quad 215.30 \, m^2$$

> 20m² を超える広い部屋は、構造的に無理な計画（大スパン）にならないように注意。

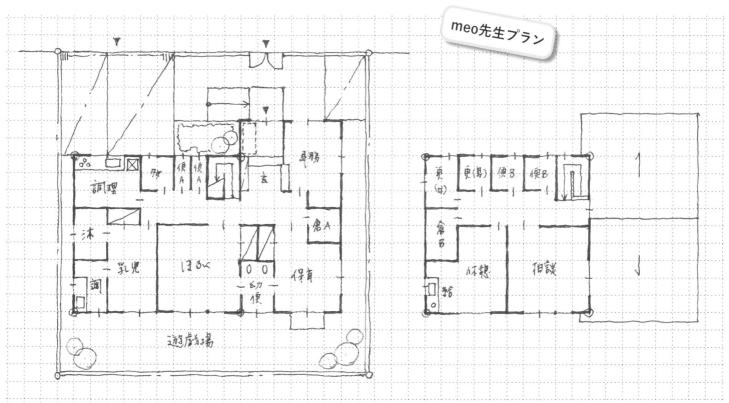

meo先生プラン

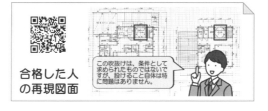

合格した人の再現図面

この吹抜けは、条件として求められたものではないですが、設けること自体は特に問題はありません。

この問題のポイント

解説動画

## 設計課題「シェアハウスを併設した高齢者夫婦の住まい（木造２階建て）」

### 1．設計条件

ある地方都市において、共同居住型賃貸住宅（以下、「シェアハウス」という。）を併設した高齢者夫婦の住宅を計画する。シェアハウス部分には、入居者用の３つの個室等を計画するとともに、この建築物のオーナーである高齢者夫婦とシェアハウスの入居者とが交流することのできるLDK(B)を計画する。

計画に当たっては、次の①～③に特に留意する。

①　シェアハウス部分の各要求室の配置計画に当たっては、入居者同士の交流や入居者のプライバシーに配慮する。

②　シェアハウス部分のLDK(B)は、高齢者夫婦が居住する住宅部分から屋内で行き来できるようにする。

③　シェアハウス部分のLDK(B)に隣接した位置に、バーベキューパーティーなどを行うことができる屋外テラスを設け、LDK(B)と直接行き来できるようにする。

#### (1) 敷地

ア．形状、道路との関係、方位等は、下に示す敷地図のとおりである。なお、敷地内における交差点付近の斜線部分には、交通上の安全に配慮して、自動車の駐車スペース及びその出入口を計画してはならない。

イ．敷地内における網掛け部分には、建築協定により外壁の後退距離の規制があるため、建築物の外壁等を計画してはならない。

ウ．第一種住居地域内にあり、防火・準防火地域の指定はない。

エ．建蔽率の限度は60％（特定行政庁が指定した角地における加算を含む。）、容積率の限度は200％である。

オ．地形は平坦で、道路及び隣地との高低差はなく、地盤は良好である。

カ．電気、都市ガス、上水道及び公共下水道は完備している。

#### (2) 構造、階数、建築物の高さ等

ア．木造２階建てとする。

イ．建築物の最高の高さは10ｍ以下、かつ、軒の高さは7ｍ以下とする。

ウ．耐力壁（筋かい等を設けた構造上有効な壁）は、必要な量をバランスよく配置する。

#### (3) 延べ面積等

ア．延べ面積は、「170㎡以上、250㎡以下」とする。

イ．ピロティ、玄関ポーチ、バルコニー、屋外テラス、屋外スロープ、駐車スペース、駐輪スペース等は、床面積に算入しないものとする。

#### (4) 人員構成等

ア．住宅部分：高齢者夫婦（60歳代後半）が居住する。

イ．シェアハウス部分：入居者がそれぞれの個室に居住する。

**敷地図（縮尺：1/500）**

(注1) 敷地内における交差点付近の斜線部分には、自動車の駐車スペース及びその出入口を計画してはならない。

(注2) 敷地内における網掛け部分には、建築物の外壁等を計画してはならない。

#### (5) 要求室等

下表の全ての室等は、指定された設置階に計画する。

| 部門 | 設置階 | 室名等 | 特記事項 |
|---|---|---|---|
| 住宅部分（高齢者夫婦が居住） | 1階 | 玄関 (A) | ・下足入れを設ける。 |
| | | LDK (A) | ア．1室にまとめる。<br>イ．テーブル及び椅子（計4席以上）を設ける。 |
| | | 夫婦寝室 | ・洋室とし、ベッド（計2台）及びウォークインクロゼット（3.3㎡以上）を設ける。 |
| | | 浴室 (A) | |
| | | 洗面脱衣室 | |
| | | 便所 (A) | ・広さは、心々1,820mm×1,820mm以上とする。 |
| | | 納戸 (A) | ・広さは、心々1,820mm×1,820mm以上とする。 |
| シェアハウス部分 | 共用部分 | 1階 | 玄関 (B) | ア．下足入れを設ける。<br>イ．土間部分の広さは、心々1,820mm×1,820mm以上とする。 |
| | | LDK (B) | ア．1室にまとめる。<br>イ．高齢者夫婦とシェアハウスの入居者とが交流する場としても使用できるようにする。<br>ウ．洗面コーナーを設ける。<br>エ．テーブル、椅子（計6席以上）及び収納を設ける。<br>オ．屋外テラスと直接行き来できるようにする。 |
| | | 便所 (B) | ・LDK(B)と直接行き来できるようにする。 |
| | 2階 | 交流スペース | ア．入居者同士の交流の場として使用する。<br>イ．テーブル、椅子（計3席以上）及びミニキッチンを設ける。<br>ウ．コーナー又はホールとしてもよい。 |
| | | 洗面室 | ア．1室にまとめてもよい。<br>イ．洗面室は、洗面コーナーとしてもよい。<br>ウ．洗面室には、洗面器3台を設ける。 |
| | | 洗濯室 | エ．洗濯室には、洗濯機3台を設ける。 |

| 部門 | 設置階 | 室名等 | 特記事項 |
|---|---|---|---|
| シェアハウス部分 | 共用部分 | 2階 | 浴室 (C) | |
| | | シャワー室 | ・広さは、心々910mm×1,365mm以上とする。 |
| | | 脱衣室 (C1) | ア．浴室(C)に隣接させる。<br>イ．ロッカー（計3台以上）を設ける。 |
| | | 脱衣室 (C2) | ・シャワー室に隣接させる。 |
| | | 便所 (C1) | |
| | | 便所 (C2) | |
| | | 納戸 (C) | ア．入居者共用の収納として使用する。<br>イ．広さは、心々1,820mm×1,820mm以上とする。 |
| | 専用部分 | 2階 | 個室 (D1) | ア．いずれも洋室とし、それぞれに収納を設ける。<br>イ．広さは、それぞれ10㎡以上（収納を含めてもよい。）とする。<br>ウ．それぞれにバルコニー（広さは、心々1,820mm（幅）×910mm（奥行）以上とする。）を設ける。 |
| | | 個室 (D2) | |
| | | 個室 (D3) | |

(注1) 各要求室等において、床面積・広さの指定がない場合、床面積は適宜とする。

(注2) 住宅部分の各要求室（玄関(A)を除く。）の出入口は全て引戸又は引違い戸とする。

(注3) 階段は、安全を確保するために、以下の計画とする。
　・蹴上げの寸法を180mm以下、踏面の寸法を225mm以上とする。（踏面の寸法は、回り階段の部分の場合、踏面の最も狭いほうの端から300mmの位置において確保する。）

(6) 屋外施設等

屋外に下表のものを計画する。

| 屋 外 テ ラ ス | ア．LDK(B)と直接行き来できるようにする。<br>イ．椅子（計6席以上）を設ける。 |
|---|---|
| 緑 化 ス ペ ー ス | ・敷地の南側の道路（隅切り部分を除く。）に面して、合計15 m² 以上の緑化スペースを計画する。 |
| 屋 外 ス ロ ー プ | ア．敷地内の通路の計画において高低差が生じる場合は、スロープを設ける。<br>イ．スロープの下端と上端には、奥行き1,500 mm 以上の平場を設ける。なお、上端の平場は玄関ポーチと兼用してもよい。 |
| 駐 車 ス ペ ー ス | ・住宅部分用として、1台分（高齢者夫婦の乗降に配慮し、幅3,500 mm 以上とする。）を設ける。 |
| 駐 輪 ス ペ ー ス | ・シェアハウス部分用として、3台分を設ける。 |
| 門・塀・植栽等 | |

## 2. 要求図書

a. 答案用紙の定められた枠内に、下表の要求図書を記入する。（寸法線は、枠外にはみだして記入してもよい。）

b. 図面は黒鉛筆仕上げとする。（定規を用いなくてもよい。）

c. 記入寸法の単位は、mm とする。なお、答案用紙の1目盛は、4.55 mm（矩計図にあっては、10 mm）である。

d. シックハウス対策のための機械換気設備等は、記入しなくてよい。

| 要 求 図 書<br>（　）内は縮尺 | 特 記 事 項 |
|---|---|
| (1) 1 階 平 面 図 兼<br>配 置 図<br>(1/100)<br><br>(2) 2 階 平 面 図<br>(1/100) | ア．1階平面図兼配置図及び2階平面図には、次のものを記入する。<br>・建築物の主要な寸法　　　　　　　　　・「通し柱」を○印で囲み、「耐力壁」には△印を付ける。<br>・室名等　　　　　　　　　　　　　　　・矩計図の切断位置及び方向<br><br>イ．1階平面図兼配置図には、次のものを記入する。<br>・敷地境界線と建築物との距離<br>・道路から建築物へのアプローチ、屋外テラス、緑化スペース、屋外スロープ（高低差が生じる場合）、駐車スペース、駐輪スペース、門、塀、植栽等<br>・道路から敷地及び建築物への出入口には、▲印を付ける。<br>・玄関(A)及び玄関(B)の土間部分の地盤面からの高さ<br>・LDK(A)及び LDK(B)の床高<br>・玄関(A)及び玄関(B)…下足入れ<br>・LDK(A)及び LDK(B)…テーブル、椅子及び台所設備機器（流し台・調理台・コンロ台・冷蔵庫等）<br>・LDK(B)の洗面コーナー…洗面器<br>・夫婦寝室…ベッド<br>・浴室(A)…浴槽<br>・洗面脱衣室…洗面器及び洗濯機<br>・便所(A)及び便所(B)…洋式便器<br>・屋外テラス…椅子<br><br>ウ．2階平面図には、次のものを記入する。<br>・1階の屋根伏図（平家部分がある場合）<br>・交流スペース…テーブル、椅子及びミニキッチン<br>・洗面室…洗面器<br>・洗濯室…洗濯機<br>・浴室(C)…浴槽<br>・脱衣室(C1)…ロッカー<br>・便所(C1)及び便所(C2)…洋式便器 |
| (3) 2 階 床 伏 図 兼<br>1 階 小 屋 伏 図<br>(1/100) | ア．主要部材（通し柱、1階及び2階の管柱、胴差、2階床梁、桁、小屋梁、火打梁、棟木、母屋、小屋束など必要なもの）については、凡例の表示記号にしたがって記入し、断面寸法（小屋束を除く。）を凡例欄に記入する。ただし、主要部材のうち、平角材又は丸太材としたものについては、その断面寸法を図面上に記入する。なお、根太及び垂木については、記入しなくてよい。<br>イ．火打梁の代わりに、構造用面材による床組とする場合には、胴差、床梁、桁を記入したうえで構造用合板の厚さ、釘の種類・打ち付け間隔を明記する。<br>ウ．その他必要に応じて用いた表示記号は、凡例欄に明記する。<br>エ．建築物の主要な寸法を記入する。 |
| (4) 立 面 図<br>(1/100) | ア．南側立面図とする。<br>イ．建築物の最高の高さを記入する。 |
| (5) 矩 計 図<br>(1/20) | ア．切断位置は、1階及び2階の外壁を含む部分とし、1階又は2階の少なくともどちらかに開口部を含むものとする。<br>イ．作図の範囲は、柱心から1,000mm 以上とする。<br>ウ．矩計図として支障のない程度であれば、水平方向及び垂直方向の作図上の省略は、行ってもよいものとする。<br>エ．主要部の寸法等（床高、天井高、階高、軒高、軒の出、開口部の内法、屋根の勾配）を記入する。<br>オ．主要部材（基礎、土台、胴差、2階床梁、2階根太、桁、小屋梁、母屋、垂木など必要なもの）の名称・断面寸法を記入する。<br>カ．床下換気口（又は、これに代わるもの）の位置・名称を記入する。<br>キ．アンカーボルト、羽子板ボルト等の名称・寸法を記入する。<br>ク．屋根（小屋裏が外気に通じている場合は、屋根の直下の天井）、外壁、その他必要と思われる部分の断熱・防湿措置を記入する。<br>ケ．室名及び内外の主要な部位（屋根、外壁、床、内壁、天井）の仕上材料名を記入する。<br>コ．外壁の仕上げについては、乾式工法によるものとする。 |
| (6) 面 積 表 | ア．建築面積、床面積及び延べ面積を記入する。<br>イ．建築面積及び床面積については、計算式も記入する。<br>ウ．面積の数値は、小数点以下第2位までとし、第3位以下は切り捨てる。 |
| (7) 計 画 の 要 点 等 | ・建築物等の計画に関する次の①〜③について、具体的に記述する。<br>①シェアハウス部分の各要求室の配置計画に当たって、入居者同士の交流や入居者のプライバシーの配慮について、工夫した点<br>②LDK(B)の配置及び室内計画について、工夫した点<br>③外構計画について、工夫した点 |

■令和 2 年の解説

―― この問題のポイント！ ――

- ☑ LDK（B）は、高齢者夫婦の住宅部分（原則は廊下）から行き来できるようにする。
  LDK（B）⇔ 住宅の廊下
- ☑ LDK（B）と隣接した位置に屋外テラスを設ける。
- ☑ 出入口を分離するという条件はないので、分けても分けなくてもいいが、2 方向に接道しているので、基本的には接道条件を活かすように考える。
- ☑ 敷地条件の注意書きを見落とさない。

計画可能範囲（想定）

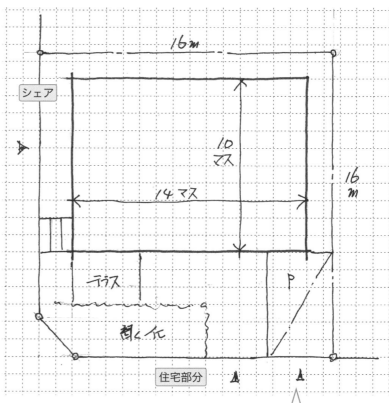

斜線部分、車は NG ですが、建物は問題ありません。網掛け部分には、建物を計画してはいけません。

機能図

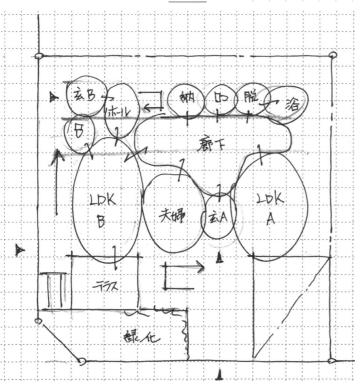

居室は南側に計画するのがベター。3 室なので全て並びそうです。

2 階の小部屋を並べるのに、少し苦労しそうな予感。

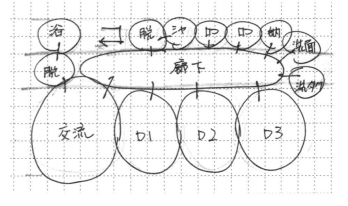

LDK（B）へは、住宅部分から行き来できるようにする必要があります。この場合、住宅部分は、廊下であることが好ましいと言えます。
スロープですが、床高さの指定がありませんので、あまり長くなりすぎないよう、ポーチの高さは低めに設定するといいです。

プラン完成！

交流スペースは、建具で区切らなくても OK です。仮に、交流室となっている場合は、建具を設けて空間を区切ることが必要です。

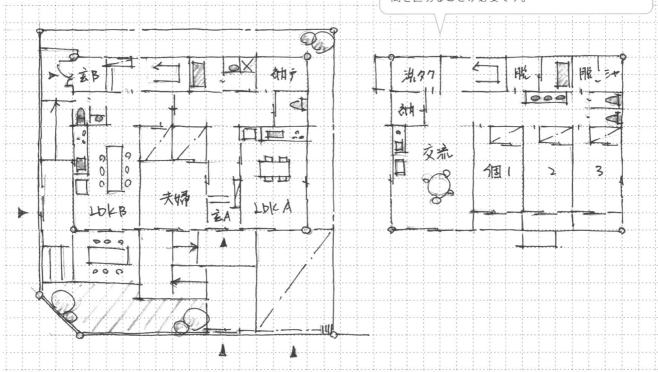

蹴上げ寸法の指定（180mm 以下）があるので、階段の段数に注意が必要です。
必要な段数は、階高÷180 で求まります。
階高を 3,000mm とする場合は、3,000 ÷ 180 = 16.6
したがって、17 段の階段が必要です。

コーナーで計画してもいい要求室は、廊下部分を使うことができるので、スペースを節約することができます。つまり、プランニングがしやすくなります。

合格した人の再現図面

神奈川県 tmmさん

解説動画

この問題のポイント

小さい部屋が多くて整理するのが難しかった問題です。多少気になるところがあっても、それが大きな問題でなければ、割り切って作図に入ることもこの試験においては必要な戦略と言えそうです。

## 設計課題「夫婦で営む建築設計事務所を併設した住宅（木造2階建て）」

### 1. 設計条件

ある地方都市の住宅地において、夫婦で営む建築設計事務所（以下、「事務所」という。）を併設した住宅を計画する。

計画に当たっては、次の①〜④に特に留意する。

①事務所部分と住宅部分とは、出入口を明確に分離し、屋内の1階部分で直接行き来できるようにする。

②事務所部分及び住宅部分の各要求室等については、夫婦が働きながら家事をしやすい配置・動線となるように配慮する。

③住宅部分の居間（A）に隣接した位置に、バーベキューパーティーなどを行うことができる屋外テラスを設け、居間（A）と直接行き来できるようにする。

④敷地内に保存する既存樹木を活かした外構計画となるように配慮する。

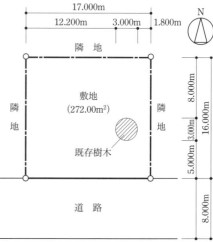

敷地図（縮尺：1/500）

**(1) 敷地**

ア．形状、道路との関係、方位等は、右図のとおりである。

イ．第一種住居地域内にあり、防火・準防火地域の指定はない。

ウ．建蔽率の限度は60%、容積率の限度は200%である。

エ．地形は平坦で、道路及び隣地との高低差はなく、地盤は良好である。

オ．電気、都市ガス、上水道及び公共下水道は完備している。

**(2) 構造、階数、建築物の高さ等**

ア．木造2階建てとする。

イ．建築物の最高の高さは10m以下、かつ、軒の高さは7m以下とする。

ウ．耐力壁（筋かい等を設けた構造上有効な壁）は、必要な量をバランスよく配置する。

エ．外壁の仕上げについては、乾式工法によるものとする。

> 外壁仕上げの条件は、この年が初めて。

**(3) 延べ面積等**

ア．延べ面積は、「170㎡以上、220㎡以下」とする。

イ．ピロティ、玄関ポーチ、バルコニー、屋外テラス、屋外スロープ、駐車スペース、駐輪スペース等は、床面積に算入しないものとする。

**(4) 人員構成等**

ア．事務所部分：夫婦（共に建築士）及びアルバイトスタッフ1名の計3名が就業する。

イ．住宅部分：夫婦（30歳代後半）及び子ども2人（女子中学生、男子小学生）の4人暮らしである。

**(5) 要求室等**

下表の全ての室等は、指定された設置階に計画する。

| 部門 | 設置階 | 室名等 | 特記事項 |
|---|---|---|---|
| 事務所部分 | 1階 | 玄関 | ・下足入れを設ける。 |
| | | 事務室 | ア．建築設計を行う事務机（計3台以上）及び椅子（計3席以上）を設ける。<br>イ．建築模型の製作を行うコーナー（広さは3㎡程度）を設ける。 |
| | | 応接室 | ア．来客へのプレゼンテーションや打合せ等に使用する。<br>イ．テーブル、椅子（計4席以上）及び建築模型を展示する棚を設ける。<br>ウ．コーナーとしてもよい。 |
| | | 資料室 | ・図面やカタログ等を収納する棚を設ける。 |
| | | 休憩室 | ・テーブル及び椅子（計3席以上）を設ける。 |
| | | 湯沸室 | ア．流し台を設ける。<br>イ．コーナーとしてもよい。 |
| | | 多機能便所 | ア．就業者及び来客が使用する。<br>イ．広さは、心々1,820mm×1,820mm以上とする。 |
| 住宅部分 | 1階 | 玄関 | ・下足入れを設ける。 |
| | | 居間（A） | ア．1室又は2室にまとめてもよい。<br>イ．居間(A)は屋外テラスと直接行き来できるようにする。<br>ウ．食事室には、テーブル及び椅子（計4席以上）を設ける。 |
| | | 食事室 | |
| | | 台所 | |
| | | 納戸（A） | |
| | | 便所（A） | |

| 部門 | 設置階 | 室名等 | 特記事項 |
|---|---|---|---|
| 住宅部分 | 2階 | 居間（B） | ア．ソファー（計4席以上）及びミニキッチン（幅900mm以上）を設ける。<br>イ．コーナー又はホールとしてもよい。 |
| | | 夫婦寝室 | ・洋室とし、ベッド（計2台）及びウォークインクロゼット（4㎡以上）を設ける。 |
| | | 子ども室(A)<br>子ども室(B) | ・いずれも洋室とし、それぞれにベッド、机及び収納を設ける。 |
| | | 納戸（B） | |
| | | 便所（B） | |
| | | バルコニー | ア．設置場所は適宜とする。<br>イ．広さは、心々1,820mm（幅）×910mm（奥行）以上とする。 |
| | 1階又は2階 | 家事室 | |
| | | 浴室 | |
| | | 洗面脱衣室 | |
| | | 洗濯機設置スペース | ・家事室又は洗面脱衣室内のいずれかの場所に設ける。 |

（注1）各要求室等において、床面積・広さの指定がない場合、床面積は適宜とする。

（注2）事務所部分の応接室及び多機能便所は、車椅子使用の来客も想定する。

（注3）住宅部分の階段は、安全を確保するために、以下の計画とする。
・蹴上げの寸法は180mm以下、踏面の寸法は225mm以上とする。
（踏面の寸法は、回り階段の部分の場合、踏面の最も狭いほうの端から300mmの位置において確保する。）

**(6) 屋外施設等**

ア．屋外に下表のものを計画する。

| | |
|---|---|
| 屋外テラス | ア．住宅部分の居間(A)と直接行き来できるようにする。<br>イ．椅子（計6席以上）を設ける。 |
| 屋外スロープ | ・敷地内の通路の計画において高低差が生じる場合は、スロープ（勾配は1/12以下）を設ける。 |
| 駐車スペース | ・2台分（来客用1台分、住宅用1台分）を設ける。<br>なお、来客用1台分については、車椅子使用者の乗降に配慮して、幅3,500mm以上とする。 |
| 駐輪スペース | ・4台分（来客用2台分、住宅用2台分）を設ける。 |
| 門・塀・植栽等 | |

イ．既存樹木（枝張り3m）は、現在の位置に保存するものとし、この部分には建築物、駐車スペース又は駐輪スペースを計画してはならない。ただし、屋外テラスについては、既存樹木の部分に計画してもよい。

## 2. 要求図書

a. 答案用紙の定められた枠内に、下表の要求図書を記入する。（寸法線は、枠外にはみだして記入してもよい。）

b. 図面は黒鉛筆仕上げとする。（定規を用いなくてもよい。）

c. 記入寸法の単位は、mm とする。なお、答案用紙の 1 目盛は、4.55mm（部分詳細図（断面）にあっては、10mm）である。

d. シックハウス対策のための機械換気設備等は、記入しなくてよい。

| 要 求 図 書<br>（　）内は縮尺 | 特 記 事 項 |
|---|---|
| (1) 1 階 平 面 図 兼<br>配 置 図<br>(1/100)<br><br>(2) 2 階 平 面 図<br>(1/100) | ア．1階平面図兼配置図及び2階平面図には、次のものを記入する。<br><br>・建築物の主要な寸法　　　　　　　　　　　　　・「通し柱」を○印で囲み、「耐力壁」には△印を付ける。<br>・室名等　　　　　　　　　　　　　　　　　　　・断面図の切断位置及び方向<br><br>イ．1階平面図兼配置図又は2階平面図には、次のものを記入する。<br><br>・浴室…浴槽　　　　　　　　　　　　　　　　　・洗濯機設置スペース…洗濯機設置スペースの範囲（その<br>・洗面脱衣室…洗面台　　　　　　　　　　　　　　　範囲を破線にて明記する。）<br><br>ウ．1階平面図兼配置図には、次のものを記入する。<br><br>・敷地境界線と建築物との距離　　　　　　　　　・応接室…テーブル、椅子及び棚<br>・道路から建築物へのアプローチ、屋外テラス、屋外スロー　・資料室…棚<br>　プ（高低差が生じる場合）、駐車スペース、駐輪スペー　・休憩室…テーブル及び椅子<br>　ス、門、塀、植栽等　　　　　　　　　　　　　・湯沸室…流し台<br>・玄関（事務所部分及び住宅部分）の土間部分の地盤面か　・多機能便所…洋式便器<br>　らの高さ及び事務室、応接室、多機能便所、居間(A)の床　・玄関（住宅部分）…下足入れ<br>　高　　　　　　　　　　　　　　　　　　　　　・居間(A)・食事室・台所…テーブル、椅子、台所設備機器<br>・道路から敷地及び建築物への出入口には、▲印を付ける。　　　　　　　　（流し台・調理台・コンロ台・冷蔵庫等）<br>・玄関（事務所部分）…下足入れ　　　　　　　　・便所(A)…洋式便器<br>・事務室…事務机、椅子及び建築模型の製作を行うコーナ　・屋外テラス…椅子<br>　ーの範囲（その範囲を破線にて明記する。）<br><br>エ．2階平面図には、次のものを記入する。<br><br>・1階の屋根伏図（平家部分がある場合）　　　　・夫婦寝室…ベッド<br>・部分詳細図（断面）の切断位置及び方向　　　　・子ども室(A)及び子ども室(B)…それぞれにベッド及び机<br>・居間(B)…ソファー及びミニキッチン　　　　　・便所(B)…洋式便器 |
| (3) 2 階 床 伏 図 兼<br>1 階 小 屋 伏 図<br>(1/100) | ア．主要部材（通し柱、1階及び2階の管柱、胴差、2階床梁、桁、小屋梁、火打梁、棟木、母屋、小屋束など必要なもの）については、凡例の表示記号にしたがって記入し、断面寸法（小屋束を除く。）を凡例欄に記入する。ただし、主要部材のうち、平角材又は丸太材としたものについては、その断面寸法を図面上に記入する。なお、根太及び垂木については、記入しなくてよい。<br>イ．火打梁の代わりに、構造用面材による床組とする場合には、胴差、床梁、桁を記入したうえで構造用合板の厚さ、釘の種類・打ち付け間隔を明記する。<br>ウ．その他必要に応じて用いた表示記号は、凡例欄に明記する。<br>エ．建築物の主要な寸法を記入する。 |
| (4) 立 面 図<br>(1/100) | ア．南側立面図とする。<br>イ．建築物の最高の高さを記入する。 |
| (5) 断 面 図<br>(1/100) | ア．切断位置は、住宅部分の1階及び2階を含む部分とする。また、少なくとも1階・2階いずれかの外壁の開口部を含むものとする。<br>イ．建築物の外形、床面及び天井面の形状がわかる程度のものとし、構造部材（梁、基礎等）については、記入しなくてよい。<br>ウ．建築物の最高の高さ、軒高、階高、天井高、1階床高、屋根勾配、開口部の内法寸法及び主要な室名等を記入する。 |
| (6) 部分詳細図(断面)<br>(1/20) | ア．切断位置は、軒先及び外壁を含む部分とする。<br>イ．作図の範囲は、2階屋根部分（「軒桁上端から上方600mm以上」及び「2階天井仕上面より下方500mm以上」を含む部分）とし、外壁の柱心から1,000mm以上とする。<br>ウ．屋根の勾配を記入する。<br>エ．主要部の寸法等を記入する。<br>オ．主要部材（軒桁、小屋梁、母屋、垂木など必要なもの）の名称・断面寸法を記入する。<br>カ．羽子板ボルト等の金物の名称・寸法を記入する。<br>キ．屋根（小屋裏が外気に通じている場合は、屋根の直下の天井）、外壁、その他必要と思われる部分の断熱・防湿措置を記入する。<br>ク．主要な部位（屋根、外壁、内壁及び2階天井）の仕上材料名を記入する。<br>ケ．外壁の仕上げについては、乾式工法によるものとする。 |
| (7) 面 積 表 | ア．建築面積、床面積及び延べ面積を記入する。<br>イ．建築面積及び床面積については、計算式も記入する。<br>ウ．面積の数値は、小数点以下第2位までとし、第3位以下は切り捨てる。 |
| (8) 計 画 の 要 点 等 | ・建築物等の計画に関する次の①～③について、具体的に記述する。<br>　①夫婦が働きながら家事をしやすいようにするに当たって、各室等の配置・動線計画について、工夫した点<br>　②事務所部分における各室等の室内計画及び動線計画について、工夫した点<br>　③外構計画に当たって、既存樹木との関係について、工夫した点 |

## ■令和元年の解説

### この問題のポイント！

☑ 事務所部分と住宅部分は、出入口を
明確に分離し、屋内の1階部分で行
き来ができるようにする。

☑ 住宅部分の居間に隣接した位置に屋
外テラスを設ける。

☑ 家事をしやすい配置・動線について
は、あまり考えすぎないように注意
する。

☑ 既存樹木を活かした外構計画につい
ても、こだわりすぎ、考えすぎに注
意。どのようなプランになっても、
計画の要点でフォローすることがで
きる。

☑ 事務所部分と住宅部分、配置を東西
どちらにするかを早めに検討する。

### 計画可能範囲（想定）

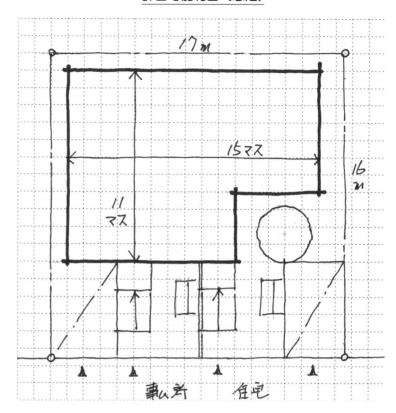

## プランニング

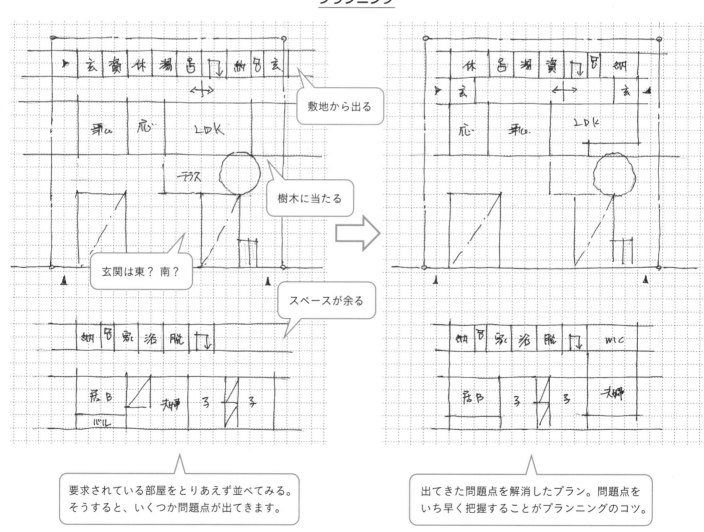

要求されている部屋をとりあえず並べてみる。
そうすると、いくつか問題点が出てきます。

出てきた問題点を解消したプラン。問題点を
いち早く把握することがプランニングのコツ。

## 事務所の玄関を南側、住宅の玄関を東側に設けたプラン

## 事務所と住宅ともに玄関を南側に設けたプラン

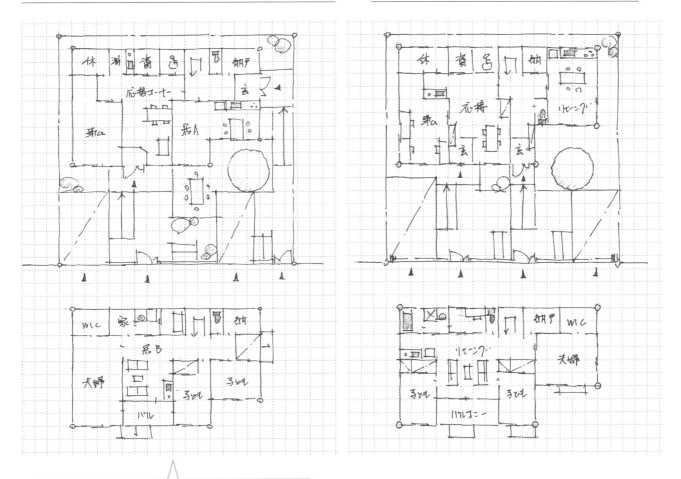

できれば平面形状を矩形にしたいところですが、問題
条件によってはできない場合もあります。
その場合もきちんと作図できるようになっておこう！

左の方が出入口の分離がより明確だし、
LDK の日当たりがよさそうだから、左の方
が良いかしら。
でも、右のプランも 2 階の居間が広々して
いて良さそうですね。

プランニングは、あれこれ考えずに、とりあえず手を動かすことが大事です。
置く、入れ替える、形を変える、広さを変える、これらの作業を機械的に行な
ってください。
また、はじめは条件通りにできなくてもいいので、具体的に形にすることも重
要です。問題点を確認することができ、次の展開を考えることができます。

上の 2 つのプランは、事務所部分を西側、
住宅部分を東側で計画していますが、東
西を反対にしてもプランはできます。
よかったら考えてみてください。

合格した人
の再現図面

東京都 さちさん

解説
動画

この問題のポイント

## ■平成29年・28年・26年の試験問題（木造課題）

　本書で紹介している問題以外の過去問題については、インターネットで問題情報や解説を閲覧することができます。また、動画による解説や合格者の図面（再現図面）も見ることができます。

### ●平成29年度

「家族のライフステージの変化に対応できる三世代住宅」

将来、介護室として使用することを想定した多目的室と車椅子使用者用便所に改造することを想定とした納戸が求められたのが特徴です。
子ども室についても、将来2室に分割できるように計画する必要がありました。

平成29年
試験問題用紙

### ●平成28年度

「景勝地に建つ土間スペースのある週末住宅」

要求されていない塀をうっかり描いてしまった人が多かった問題。
敷地の中に建設用地が設定されている条件は初めて。

平成28年
試験問題用紙

塀を設けると、せっかくの景色が見えなくなりますね。

### ●平成26年度

「介護が必要な親（車椅子使用者）と同居する専用住宅」

1階の床高さまでスロープの計画が求められた問題。
他にもバリアフリーに関する条件はたくさんありましたが、ほぼ想定内でした。

平成26年
試験問題用紙

# 第四章
# RC造課題
# 試験問題とポイント解説

二級建築士の設計製図試験、みなさんはどのようなイメージをお持ちでしょうか。この試験は毎年半数強くらいの人が合格しています。この割合を見て、受験生の半分が合格できる試験、もしくは、半分の人を建築士にさせてくれる試験、こんな風に思う人もいるかもしれません。でも、この試験には違う一面もあることをみなさんには知っていただきたいです。それは、

**約半数の人に不合格になってもらうための試験。**

この試験には正解や模範解答がありません。なおかつ、受験生の答案はどれひとつとして同じものはありません。そんな答案を並べて、試験元は合否を判定する必要があるのです。

このような試験において、私は次のように考えることがあります。不合格者を出すためには、不合格になった人にそれを納得してもらう必要がある。そのためには、受験生全員ができてしまうような問題にはできない。

みんなができるような問題だと、自分は合格だと思っていたのに不合格だった場合、その結果に納得できない人が多くなります。反対に、不合格だと思っていて結果が合格だった場合は、その結果を不服に思う人はいません。実際、合格発表の日を迎えると、ダメだと思っていて合格した人よりも、合格したと思っていてダメだった人の方が少ないです。不合格だった人は、ある程度納得して不合格になっています。

全ての問題において不合格にさせるための問題であるとは言いませんが、一定数の人には間違ってもらうように問題は作られている。そんな性質があるということも、受験生の方には知っておいていただきたいです。そして、

**不合格にならなければ合格できる。**

至極当たり前のことではありますが、合格するということと、不合格にならないということは、同じようで実はちょっと違う一面もこの試験にはあります。この点についても意識をしてみると、試験や試験対策に対する考え方が、少し違ってくるかもしれません。

この章では、令和3年、平成30年の試験問題に対して、そのポイントを解説しています。また、平成27年、24年、21年の問題に対しては、学芸出版社のサイトより確認することができます。ぜひ、登録をしておいてください。登録方法はp.7をご覧ください。

過去問題については、QRコードから合格した人の再現図面を見ることができますよ。とっても参考になると思います。

## 設計課題「歯科診療所併用住宅（鉄筋コンクリート造）」

### 1. 設計条件

地方都市の市街地に歯科診療所併用住宅を計画する。

計画に当たっては、次の①及び②に特に留意する。

① 診療所部分と住宅部分とは、出入口を明確に分離し、屋内の１階部分で直接行き来できるようにする。

② 診療所部分の各要求室について、適切な配置計画及び動線計画とする。

#### (1) 敷地

ア．形状、高低差、道路との関係、方位等は、右に示す敷地図のとおりである。敷地には、南側から北側に向かって緩やかな上り勾配がある。なお、建築物の計画に当たっては、盛土・切土により敷地全体を平坦にしてはならない。

イ．この課題においては、道路境界線の部分をG.L.とし、±０mmとする。

ウ．近隣商業地域内にあり、準防火地域に指定されている。なお、都市計画において定められた建蔽率の限度は80%、容積率の限度は300%である。

エ．地盤は良好である。

オ．電気、都市ガス、上水道及び公共下水道は完備している。

カ．敷地の周囲には、防火上有効な空地、耐火構造の壁等はない。

#### (2) 構造、階数、建築物の高さ等

ア．鉄筋コンクリート造３階建とする。

イ．建築物の最高の高さは10m以下、かつ、軒の高さは9m以下とする。

ウ．建築物の外壁面及び柱面は、隣地境界線から500mm以上離す。

エ．塔屋（ペントハウス）は、設けない。

#### (3) 延べ面積等

ア．延べ面積は、「240m² 以上、300m² 以下」とする。

イ．ピロティ、玄関ポーチ、バルコニー、駐車スペース、駐輪スペース等は、床面積に算入しない。ただし、エレベーターシャフトについては、床面積に算入する。

#### (4) 人員構成等

ア．診療所部分：院長（歯科医師）、従業員３名（歯科衛生士２名、事務員１名）

イ．住宅部分：夫婦（夫が診療所の院長）、子ども１人（中学生）

敷地図（縮尺：1/500、単位：mm）

・敷地には、南側から北側に向かって緩やかな上り勾配がある。
・この課題においては、道路境界線の部分をG.L.とし、±0mmとする。
・□ 内の数値は高低差を示す。

#### (5) 要求室等

下表の全ての室等は、指定された設置階に計画する。

| 部門 | 設置階 | 室 名 等 | 特 記 事 項 |
|---|---|---|---|
| 診療所部分 | 1 階 | 待 合 室 | ア．洗面コーナーを設ける。<br>イ．ソファー（計４席以上）を設ける。 |
| | | 受付・事務室 | ・受付カウンターを設ける。 |
| | | 診 療 室 | ア．歯科診療台設置スペース（2,100mm × 2,100mm）２台分を設ける。<br>イ．消毒コーナーを設ける。 |
| | | X 線 室 | ・広さは、心々1,500mm × 1,500mm 以上とする。 |
| | | 技 工 室 | ア．作業机を設ける。<br>イ．広さは、心々1,500mm × 1,500mm 以上とする。 |
| | | 休 憩 室 | ア．従業員の更衣・休憩等に使用する。<br>イ．テーブル、椅子及びロッカーを設ける。 |
| | | 院 長 室 兼 応 接 室 | ・机、テーブル及び椅子を設ける。 |
| | | 倉 庫 | |
| | | 従 業 員 用 便 所 | ・従業員のほか、院長も使用する。 |
| | | 患者用便所 | |

| 部門 | 設置階 | 室 名 等 | 特 記 事 項 |
|---|---|---|---|
| 住宅部分 | 1 階 | 玄関ホール | ・下足入れを設ける。 |
| | | L　D　K | ア．１室にまとめる。<br>イ．テーブル及び椅子を設ける。 |
| | 2 階 | 納 戸 (A) | |
| | | 浴 室 | |
| | | 洗面脱衣室 | |
| | | 便 所 (A) | |
| | | バルコニー | ・設置場所は適宜とする。 |
| | 3 階 | 夫 婦 寝 室 | ・洋室とし、ベッド（計２台）及びウォークインクロゼット（3m² 以上）を設ける。 |
| | | 子 ど も 室 | ・洋室とし、ベッド、机及び収納を設ける。 |
| | | 納 戸 (B) | |
| | | 洗面コーナー | |
| | | 便 所 (B) | |
| | | バルコニー | ・設置場所は適宜とする。 |
| | 2 階又は3 階 | 書 斎 (A) | ・夫用とし、机及び椅子を設ける。 |
| | | 書 斎 (B) | ・妻用とし、机及び椅子を設ける。 |

（注1）各要求室においては、床面積・広さの指定がない場合、床面積は適宜とする。

（注2）診療所部分においては、全て下足とする。

（注3）住宅部分の竪穴部分（階段、エレベーターシャフト及び吹抜け）は所定の防火設備を用いて区画する。また、外壁の開口部で延焼のおそれのある部分には所定の防火設備を設ける。

#### (6) 階段、エレベーター及びスロープ

ア．住宅部分には、１階から３階まで通ずる直通階段を設ける。

イ．住宅部分には、住宅用エレベーター１基（１階から３階の各階に着床）を設ける。

・エレベーターシャフトは、心々1,500mm × 1,500mm 以上とする。

- 駆動装置は、エレベーターシャフト内に納まるものとし、機械室は設けなくてよい。
- 出入口の幅の内法は、800mm以上とする。
ウ．敷地内の通路の計画において高低差が生じる場合は、屋外スロープ（勾配は1/15以下）を設ける。

(7) 外構

ア．駐車スペースは、2台分（患者用1台、住宅用1台）を設ける。
イ．駐輪スペースは、5台分（患者用3台、住宅用2台）を設ける。
ウ．駐車スペース及び駐輪スペースは、ピロティとして計画してはならない。
エ．塀・植栽を設ける。

令和3年
試験問題用紙

## 2. 要求図書

a. 下表により、答案用紙の定められた枠内に記入する。（寸法線は、枠外にはみだして記入してもよい。）
b. 図面は黒鉛筆仕上げとする。（定規を用いなくてもよい。）
c. 記入寸法の単位は、mmとする。なお、答案用紙の1目盛は、5mmである。
d. シックハウス対策のための機械換気設備等は、記入しなくてよい。

| 要 求 図 書<br>（ ）内は縮尺 | 特 記 事 項 |
|---|---|
| (1) 1階平面図兼配置図<br>(1/100)<br><br>(2) 2階平面図<br>(1/100)<br><br>(3) 3階平面図<br>(1/100) | ア．1階平面図兼配置図、2階平面図及び3階平面図には、次のものを記入する。<br>　・建築物の主要な寸法　　　　　　　　　　　　　　にて明記し、そこから隣地境界線までの距離を記入）<br>　・室名等　　　　　　　　　　　　　　　　　　　・防火設備が必要な部分に㊅と明記<br>　・延焼のおそれのある部分の範囲（延焼ラインを破線　・断面図の切断位置及び方向<br><br>イ．1階平面図兼配置図には、次のものを記入する。<br>　・敷地境界線と建築物との距離　　　　　　　　　・待合室…ソファー<br>　・診療所部分の待合室及び住宅部分の玄関ホールに　・受付・事務室…受付カウンター<br>　　おけるG.L.からの高さ　　　　　　　　　　　・診療室…歯科診療台設置スペース（破線で記入）<br>　・道路から建築物へのアプローチ、屋外スロープ（高　・診療室の消毒コーナー…洗面器<br>　　低差が生じる場合）、駐車スペース、駐輪スペース、・技工室…作業机<br>　　塀・植栽　　　　　　　　　　　　　　　　　　・休憩室…テーブル、椅子及びロッカー<br>　・「道路から敷地」及び「建築物」の出入口には、▲　・院長室兼応接室…机、テーブル及び椅子<br>　　印を付ける。　　　　　　　　　　　　　　　　・従業員用便所及び患者用便所…洋式便器<br>　・部分詳細図（断面）の切断位置及び方向　　　　・住宅部分の玄関ホール…下足入れ<br>　・待合室の洗面コーナー…洗面器<br><br>ウ．2階平面図には、次のものを記入する。<br>　・1階の屋根伏図（1階の屋根がある場合）　　　・浴室…浴槽<br>　・部分詳細図（断面）の切断位置及び方向　　　　・洗面脱衣室…洗面器、洗濯機<br>　・LDK…テーブル、椅子、台所設備機器（流し台・調　・便所(A)…洋式便器<br>　　理台・コンロ台・冷蔵庫等）<br><br>エ．3階平面図には、次のものを記入する。<br>　・2階の屋根伏図（2階の屋根がある場合）　　　・洗面コーナー…洗面器<br>　・夫婦寝室…ベッド　　　　　　　　　　　　　　・便所(B)…洋式便器<br>　・子ども室…ベッド、机<br><br>オ．2階平面図又は3階平面図には、次のものを記入する。<br>　・書斎(A)及び書斎(B)…机及び椅子 |
| (4) 立 面 図<br>(1/100) | ・南側立面図とする。 |
| (5) 断 面 図<br>(1/100) | ア．切断位置は、南北方向とし、1階の診療室、2階及び3階を含む部分とする。<br>イ．建築物の外形、床面及び天井面の形状がわかる程度のものとし、構造部材（梁、スラブ、地中梁等）を記入する。<br>ウ．建築物の最高の高さ、軒高、階高、天井高、1階床高、開口部の内法寸法及び主要な室名を記入する。<br>エ．見え掛かりの開口部、階段等（室の対向面に見えるもの）は記入しなくてよい。 |
| (6) 部分詳細図(断面)<br>(1/20) | ア．切断位置は、2階のバルコニーの出入口を含む部分とする。<br>イ．作図の範囲は、以下の部分を含むものとする。<br>　水平方向：「バルコニーの出入口」から「バルコニーの手すり壁」<br>　垂直方向：「バルコニーの手すり壁の天端」から「1階の天井仕上面より下方400mm」<br>　なお、部分詳細図（断面）として支障のない程度であれば、水平方向及び垂直方向の作図上の省略は、行なって<br>　もよいものとする。<br>ウ．主要部の寸法等を記入する。<br>エ．主要部材の名称・断面寸法を記入する。<br>オ．外気に接する部分（外壁、その他必要と思われる部分）の断熱・防水措置を記入する。<br>カ．主要な部位（外壁、内壁、1階天井及び2階床）の仕上材料名を記入する。 |
| (7) 面 積 表 | ア．建築面積、床面積及び延べ面積を記入する。<br>イ．建築面積及び床面積については、計算式も記入する。<br>ウ．面積の数値は、小数点以下第2位までとし、第3位以下は切り捨てる。 |
| (8) 計画の要点等 | ・建築物及び敷地の計画に関する次の①～③について、具体的に記述する。<br>　①診療所部分の計画について、工夫した点<br>　②住宅部分の計画について、工夫した点<br>　③建築物の配置計画において、配慮した点 |

## ■令和 3 年の解説

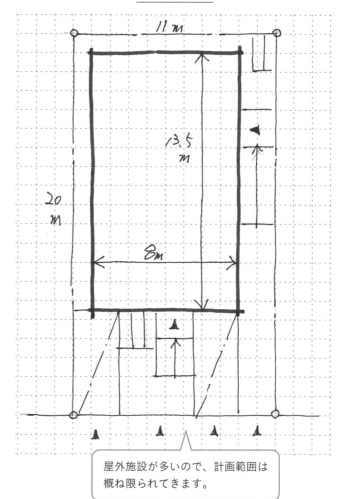

**計画可能範囲**

┌─ この問題のポイント！ ─

☑ 診療所部分と住宅部分は、出入口を明確に分離し、屋内の 1 階部分で行き来ができるようにする。

☑ 診療所部分の要求室についての適切な配置計画及び動線計画については、深く考えすぎないようにする。試験前に行なってきた練習問題と同じように計画すれば問題なし。

☑ 高低差の処理については、道路の高さに合わせて大部分を切土することによって対応する。ただし、問題条件により、切土によって敷地全体を平坦にすることはしてはいない。

☑ 診療所の患者の利用を優先させるため、診療所部分を南側、住宅部分を北側に配置ゾーニングする。

☑ 住宅部分の階段とエレベーターは、竪穴区画を行なう。

屋外施設が多いので、計画範囲は概ね限られてきます。

**機能図**

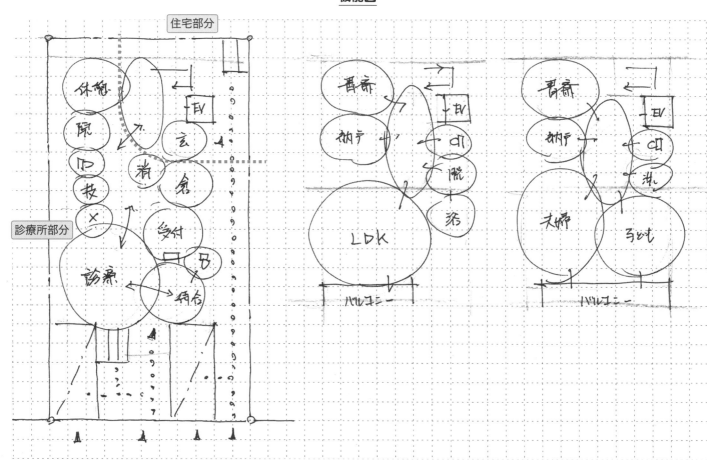

## 柱割（想定）

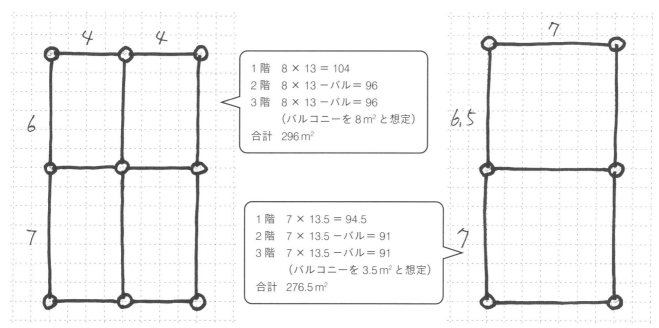

1 階　8 × 13 ＝ 104
2 階　8 × 13 － バル ＝ 96
3 階　8 × 13 － バル ＝ 96
　　　（バルコニーを 8 m² と想定）
合計　296 m²

1 階　7 × 13.5 ＝ 94.5
2 階　7 × 13.5 － バル ＝ 91
3 階　7 × 13.5 － バル ＝ 91
　　　（バルコニーを 3.5 m² と想定）
合計　276.5 m²

1 階はとても窮屈なのに、2 階と 3 階はすごく
余裕があったのが特徴的でした。
防火区画、防火設備、延焼のおそれのある範
囲、これらは確実に対応できるようになって
おいてください。

## プラン図

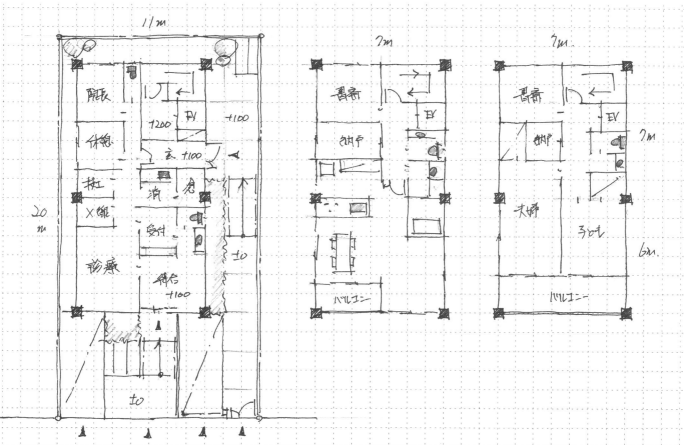

建物の大きさを東西 8 m、南北を
12 m としたプランです。

東西の 8 m は 1 スパンの 8 m で計
画されています。

この場合、8 m スパンの床梁の大きさは
400mm × 800mm 程度
としてください。

合格した人
の再現図面

解説
動画

この問題のポイント

## 設計課題「地域住民が交流できるカフェを併設する二世帯住宅〔鉄筋コンクリート造(ラーメン構造)3階建て〕」

### 1. 設計条件

ある地方都市の市街地にカフェ（喫茶店）を併設する二世帯住宅を計画する。カフェは子育て世代の親子や高齢者等の様々な地域住民が集い、交流できる場とし、二世帯住宅はこの建築物のオーナーの親世帯とその子世帯が同居するものとする。

計画に当たっては、次の①〜④に特に留意する。

①カフェ部分には、地域住民が利用できる交流スペースを計画する。

②カフェ部分と住宅部分は、出入口を明確に分離し、屋内の1階部分で直接行き来できるように計画する。また、住宅部分の玄関は二世帯で共有するものとする。

③二世帯がそれぞれ独立して生活できるようにするとともに、互いの家族が気軽に行き来できるように計画する。

④地域住民が交流できるカフェをもつ建築物として、外観及び外構計画に配慮する。

#### (1) 敷地

ア．形状、道路との関係、方位等は、右に示す敷地図のとおりである。

イ．近隣商業地域内にあり、準防火地域に指定されている。

ウ．建蔽率の限度は90%（特定行政庁が指定した角地における加算を含む。）、容積率の限度は300%である。

エ．地形は平坦で、道路及び隣地との高低差はなく、地盤は良好である。

オ．電気、都市ガス、上水道及び公共下水道は完備している。

カ．敷地の周囲には、防火上有効な空地、耐火構造の壁等はない。

#### (2) 構造、階数、建築物の高さ等

ア．鉄筋コンクリート造（ラーメン構造）3階建てとする。

イ．建築物の最高の高さは10m以下、かつ、軒の高さは9m以下とする。

ウ．建築物の外壁面及び柱面は、隣地境界線から500mm以上離す。

エ．塔屋（ペントハウス）は、設けない。

#### (3) 延べ面積等

ア．延べ面積は、「250m²以上、300m²以下」とする。

イ．ピロティ、玄関ポーチ、ルーフテラス、駐車スペース、駐輪スペース等は、床面積に算入しない。ただし、エレベーターシャフトについては、床面積に算入する。

#### (4) 人員構成等

ア．住宅部分： 親世帯…夫婦（60歳代） 子世帯…夫婦（30歳代）、子ども1人（小学生）

イ．カフェ部分： 従業員2名で運営（経営者は、親世帯の夫婦）

#### (5) 要求室等

下表の全ての室等は、指定された設置階に計画する。

敷地図（縮尺：1/500）

(注) 交差点付近の歩道の斜線部分には、駐車のためのアプローチを計画してはならない。

| 部門 | 設置階 | 室名等 | 特記事項 |
|---|---|---|---|
| カフェ部分 | 1階 | 喫茶スペース | ア．地域住民の交流のためのイベント・打合せ等を行う交流スペース（15m²以上）を設ける。（常時はカフェの一部として使用するが、可動間仕切りにより、独立した室としても使用できるようにする。）<br>イ．カウンター席（4席以上）及びテーブル席（交流スペースを含めて計20席以上）を設ける。<br>ウ．軽食を提供できる程度の厨房を設ける。<br>エ．レジカウンターを設ける。 |
| | | 更衣室 | ・2名分以上のロッカーを設ける。 |
| | | 多機能便所 | ア．広さは、心々2,000mm×2,000mm以上とする。<br>イ．出入口を引戸とし、幅の内法は、800mm以上とする。 |
| | | 洗面所 | ア．多機能便所に隣接して設ける。<br>イ．コーナーとしてもよい。 |
| | | 倉庫 | |
| 住宅部分 | 1階 共有部分 | 玄関ホール | ア．親世帯と子世帯の共用とする。<br>イ．下足入れを設ける。<br>ウ．住宅用エレベーター及び階段においては、素足又は上履きとする。 |
| | 2階 子世帯 | 居間(A) | ア．1室又は2室にまとめてもよい。<br>イ．食事室(A)には、テーブル及び椅子（計6席以上）を設ける。 |
| | | 食事室(A) | |
| | | 台所(A) | |
| | | 子夫婦寝室 | ・洋室とし、ベッド（計2台）、収納（2m²以上）を設ける。 |
| | | 子ども室 | ・洋室とし、ベッド、机、収納を設ける。 |
| | | 納戸(A) | |

| 部門 | 設置階 | 室名等 | 特記事項 |
|---|---|---|---|
| 住宅部分 | 2階 子世帯 | 浴室(A) | |
| | | 洗面脱衣室(A) | |
| | | 便所(A) | |
| | 3階 親世帯 | 居間(B) | ア．1室又は2室にまとめてもよい。<br>イ．食事室(B)には、テーブル及び椅子（計4席以上）を設ける。 |
| | | 食事室(B) | |
| | | 台所(B) | |
| | | 親夫婦寝室 | ・洋室とし、ベッド（計2台）、収納（2m²以上）を設ける。 |
| | | 納戸(B) | |
| | | 浴室(B) | |
| | | 洗面脱衣室(B) | |
| | | 便所(B) | ア．広さは、心々2,000mm×2,000mm以上とする。<br>イ．出入口の幅の内法は、800mm以上とする。 |
| | | ルーフテラス | ・ガーデニングを楽しめるように花壇（3m²以上）、洗い場を設ける。 |

(注1) 各要求室においては、床面積・広さの指定がない場合、床面積は適宜とする。

(注2) カフェ部分においては、全て下足とする。

(注3) 住宅部分の子世帯の居間(A)・食事室(A)・台所(A)及び親世帯の要求室の出入口は、引戸又は引違い戸とする。

(注4) 住宅部分の竪穴部分（階段、エレベーターシャフト及び吹抜け）は所定の防火設備を用いて区画する。また、外壁の開口部で延焼のおそれのある部分には所定の防火設備を設ける。なお、この建築物は、「避難上の安全の検証」を行わないものとする。

(注5) 住宅部分の廊下の幅は、将来の親世帯の車椅子使用を想定して、ゆとりのある計画とする。

(6) 階段、エレベーター及びスロープ

    ア．住宅部分には、1 階から 3 階に通ずる直通階段を設ける。

    イ．住宅部分には、住宅用エレベーター 1 基（1 階から 3 階の各階に着床）を設ける。

      ・エレベーターシャフトは、心々 1,500 mm × 1,500 mm 以上とする。

      ・駆動装置は、エレベーターシャフト内に納まるものとし、機械室は設けなくてよい。

      ・出入口の幅の内法は、800 mm 以上とする。

    ウ．敷地内の通路の計画において高低差が生じる場合は、屋外スロープ（勾配は 1/15 以下）を設ける。

(7) 外構

    ア．屋外に、自転車 8 台分（カフェの来客用 5 台、住宅用 3 台）の駐輪スペースを設ける。

    イ．駐車スペースは、1 台分（住宅用）を設ける。

    ウ．駐車スペース及び駐輪スペースは、ピロティとして計画してはならない。

    エ．カフェの来客用の駐車スペースは、近隣にある駐車場を利用する。

## 2．要求図書

    a．下表により、答案用紙の定められた枠内に記入する。（寸法線は、枠外にはみだして記入してもよい。）

    b．図面は黒鉛筆仕上げとする。（定規を用いなくてもよい。）

    c．記入寸法の単位は、mm とする。なお、答案用紙の 1 目盛は、5 mm である。

    d．シックハウス対策のための機械換気設備等は、記入しなくてよい。

| 要 求 図 書<br>（ ）内は縮尺 | 特 記 事 項 |
|---|---|
| (1) 1 階 平 面 図<br>兼<br>配 置 図<br>(1/100) | ア．1 階平面図兼配置図、2 階平面図及び 3 階平面図には、次のものを記入する。<br>・建築物の主要な寸法　　　　　　　　　　明記し、そこから敷地境界線までの距離を記入)<br>・室名等　　　　　　　　　　　　　　　　・防火設備が必要な部分に㊥と明記<br>・延焼のおそれのある部分の範囲（延焼ラインを破線にて　　・断面図の切断位置及び方向 |
| (2) 2 階 平 面 図<br>(1/100)<br><br>(3) 3 階 平 面 図<br>(1/100) | イ．1 階平面図兼配置図には、次のものを記入する。<br>・敷地境界線と建築物との距離　　　　　　　　ンター、可動間仕切り、交流スペースの場所<br>・玄関ホール及び喫茶スペースの地盤面からの高さ　　・喫茶スペースの厨房…厨房設備機器（流し台・調理台・コ<br>・道路から建築物へのアプローチ、屋外スロープ（高低差　　　ンロ台・冷蔵庫等）、配膳台、手洗い器<br>　が生じる場合）、駐車スペース、駐輪スペース、塀等　　・更衣室…ロッカー<br>・道路から駐車スペース及び建築物への出入口には、▲印　　・多機能便所…洋式便器<br>　を付ける。　　　　　　　　　　　　　　　　・洗面所…洗面器<br>・喫茶スペース…カウンター、テーブル、椅子、レジカウ　　・玄関ホール…下足入れ<br><br>ウ．2 階平面図には、次のものを記入する。<br>・1 階の屋根伏図（1 階の屋根がある場合）　　・子ども室…ベッド、机<br>・居間(A)・食事室(A)・台所(A)…テーブル、椅子、台所設備　　・浴室(A)…浴槽<br>　機器（流し台・調理台・コンロ台・冷蔵庫等）　　・洗面脱衣室(A)…洗面台、洗濯機<br>・子夫婦寝室…ベッド　　　　　　　　　　　・便所(A)…洋式便器<br><br>エ．3 階平面図には、次のものを記入する。<br>・2 階の屋根伏図（2 階の屋根がある場合）　　・浴室(B)…浴槽<br>・部分詳細図（断面）の切断位置及び方向　　・洗面脱衣室(B)…洗面台、洗濯機<br>・居間(B)・食事室(B)・台所(B)…テーブル、椅子、台所　　・便所(B)…洋式便器<br>　機器（流し台・調理台・コンロ台・冷蔵庫等）　　・ルーフテラス…花壇、洗い場<br>・親夫婦寝室…ベッド |
| (4) 立 面 図<br>(1/100) | ・南側立面図とする。 |
| (5) 断 面 図<br>(1/100) | ア．切断位置は、南北方向とし、1 階の喫茶スペースの外壁の開口部を含み、2 階及び 3 階を含む部分とする。<br>イ．建築物の外形、床面及び天井面の形状がわかる程度のものとし、構造部材（梁、スラブ、地中梁等）を記入する。<br>ウ．建築物の最高の高さ、軒高、階高、天井高、1 階床高、開口部の内法寸法及び主要な室名を記入する。<br>エ．見え掛かりの開口部、階段等（室の対向面に見えるもの）は記入しなくてよい。 |
| (6) 部分詳細図(断面)<br>(1/20) | ア．切断位置は、外壁を含む部分とする。<br>イ．作図の範囲は、3 階屋根部分(屋上のパラペット天端から 3 階の天井仕上面より下方 200 mm 以上)とし、外壁の壁心から 1,000<br>　mm 以上とする。<br>ウ．主要部の寸法等を記入する。<br>エ．主要部材（大梁、屋根スラブなど必要なもの）の名称・断面寸法・厚さを記入する。<br>オ．外気に接する部分（屋根、外壁、その他必要と思われる部分）の断熱・防水措置を記入する。<br>カ．主要な部位（屋根、外壁、内壁、天井）の仕上材料名を記入する。 |
| (7) 面 積 表 | ア．建築面積、床面積及び延べ面積を記入する。<br>イ．建築面積及び床面積については、計算式も記入する。<br>ウ．面積の数値は、小数点以下第 2 位までとし、第 3 位以下は切り捨てる。 |
| (8) 主要構造部材表 | ア．主要な地中梁、1 階の柱、2 階床大梁及び 3 階床大梁の断面寸法を記入する。<br>イ．主要な外壁、2 階床スラブ及び 3 階床スラブの厚さを記入する。 |
| (9) 計画の要点等 | ・建築物及び敷地の計画に関する次の①〜③について、具体的に記述する。<br>　①カフェ部分について、地域住民の交流の場として利用できるようにするに当たって、工夫した点<br>　②地域住民が交流できるカフェをもつ建築物として、外観及び外構計画において工夫した点<br>　③建築物の環境負荷低減（省エネルギー等）について、工夫した点 |

━━━ この問題のポイント！ ━━━

☑ カフェ部分に交流スペースを設ける。

☑ カフェ部分と住宅部分は、出入口を明確
に分離し、屋内の 1 階部分で行き来がで
きるようにする。

☑ メイン道路となる南側道路に対してカフ
ェのアプローチを計画する。住宅のアプ
ローチは、西側道路の北寄りの位置で考
える。また、喫茶スペースはできるだけ
道路に対して間口が広くなるように意識
する。

☑ 外観と外構計画については、主に計画の
要点で記述内容を工夫する（植栽につい
て述べる場合は、図面でもアピールして
おく）。

☑ 階段とエレベーターは竪穴区画を行なう。

☑ 延焼のおそれのある部分と防火設備につ
いては、確実に理解しておく。

**計画可能範囲**

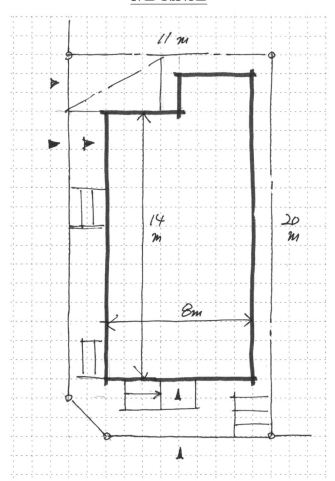

**機能図**

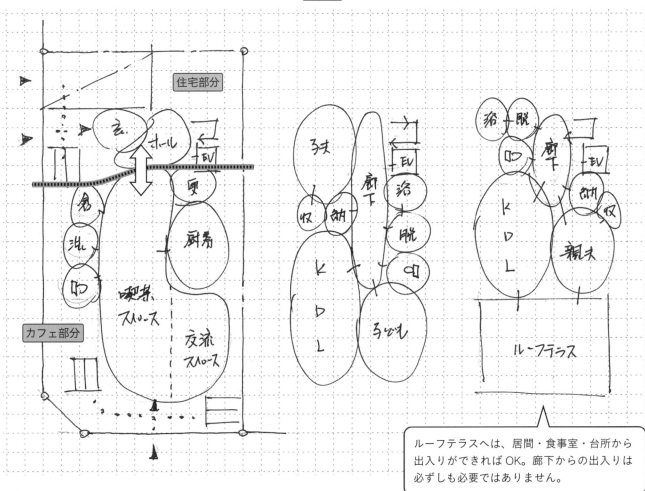

ルーフテラスへは、居間・食事室・台所から
出入りができれば OK。廊下からの出入りは
必ずしも必要ではありません。

## 柱割（想定）

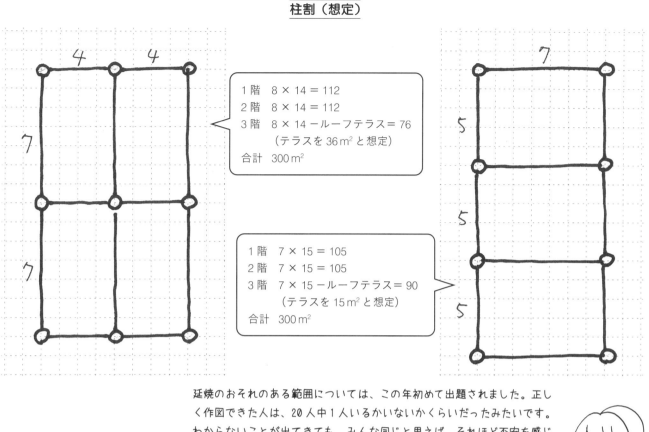

1階　8 × 14 = 112
2階　8 × 14 = 112
3階　8 × 14 − ルーフテラス = 76
　（テラスを 36 m² と想定）
合計　300 m²

1階　7 × 15 = 105
2階　7 × 15 = 105
3階　7 × 15 − ルーフテラス = 90
　（テラスを 15 m² と想定）
合計　300 m²

延焼のおそれのある範囲については、この年初めて出題されました。正しく作図できた人は、20人中1人いるかいないかくらいだったみたいです。わからないことが出てきても、みんな同じと思えば、それほど不安を感じる必要はなさそうですね。

## プラン図

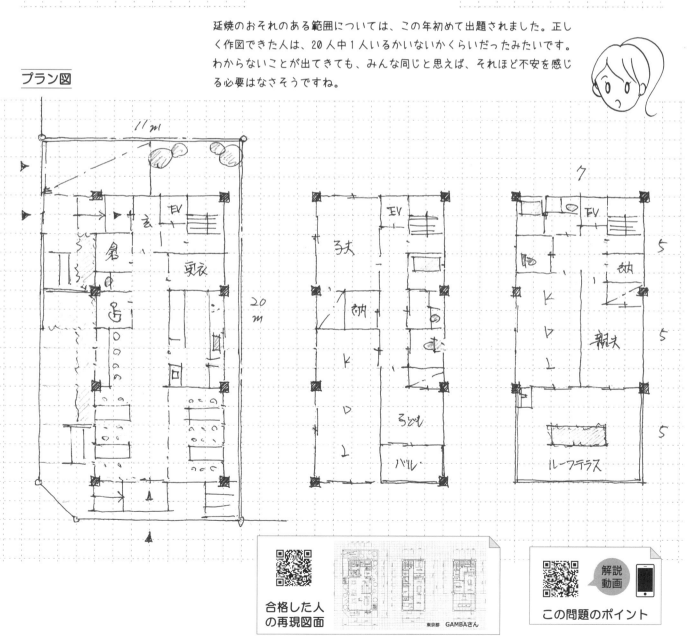

合格した人
の再現図面

東京都　GAMBAさん

この問題のポイント

解説
動画

## ■平成 27 年・24 年・21 年の試験問題（RC 造課題）

　本書で紹介している問題以外の過去問題については、ネットで問題情報や解説を閲覧することができます。また、動画による解説や合格者の図面（再現図面）も見ることができます。

●平成 27 年度

「3 階に住宅のある貸店舗（乳幼児用雑貨店）」

共用部分の計画がプランニングのポイント。共用部分は他の部分とは区画できるようにする必要あり。

店舗から共有部分を利用するという条件から、区画をしなかった人が多かったです。

●平成 24 年度

「多目的スペースのあるコミュニティ施設」

東日本大震災後の課題。備蓄倉庫などの要求がありました。動線に関する条件が多いので、機能図を描いて整理しよう。

●平成 21 年度

「商店街に建つ陶芸教室のための工房のある店舗併用住宅」

はじめての 3 階建ての課題です。防火区画、避難経路、延焼ラインなど、3 階建ては法規も厳しくなりますので、その分試験対策もしっかり行なう必要があります。

# 第五章
# 木造課題 問題事例

## 木を見て森を見ず

　問題ではカレーを作ってくださいと言っているのに、シチューを作らなければいけないと思ってしまうと、その時点でポイントから外れた解答となってしまいます。でも、材料や作り方が似ているので、思わず勘違いをしてしまう人はいます。他にも、カレーとして作っているのに焦げ付くほど煮込みすぎたり、また、カレー粉を入れ忘れたりすることも。

　この試験においては、部屋の形状を気にするあまり延べ面積をオーバーしてしまうことがあります。細かいことを気にすればするほど、大事なポイントを外してしまうことがあるのがこの試験です。十分に注意したいところです。

問題のポイント（おさえておくべき要点）ですが、問題条件を見て、まずは自分で考えてみてください。

「この問題はここが重要で、自分ならこう解答する。」

本番の試験ではこれを自分で判断する必要があります。しかも時間は60分程度です。このポイントをつかむスキルを試験日までに養っておきましょう。
更にできる人はプランを作るところまで行なってみてください。

# 設計課題「趣味（DIY）室のある専用住宅（木造2階建て）」

## 1. 設計条件

ある地方都市の住宅地において、DIY（日曜大工）を趣味とする家族が、同じ趣味仲間を招いて、作業を行なったり教室を開いたりすることができる趣味室のある専用住宅を計画する。

計画に当たっては、次の①〜⑤に特に留意する。

① 敷地の有効利用を考慮した配置計画とする。

② 屋外テラスを設け、居間から直接行き来できるようにする。

③ 趣味室は、日当たりに配慮する。

④ 屋外作業スペースを設け、趣味室と一体的に利用できるようにする。

⑤ 駐車スペースから屋外作業スペースへは、材料などの搬入のための通路を設ける。

**この問題のポイントはどこか考えてみよう！**

### (1) 敷地

ア．形状、道路との関係、方位等は、右図のとおりである。

イ．第1種住居地域内にあり、防火・準防火地域の指定はない。

ウ．建ぺい率の限度は60%、容積率の限度は200%である。

エ．地形は平たんで、道路及び隣地との高低差はなく、また地盤は良好である。

オ．電気、都市ガス、上水道及び公共下水道は完備している。

### (2) 構造及び階数

木造2階建とする。

### (3) 延べ面積

延べ面積は、「150m² 以上、190m² 以下」とする。

（ピロティ、玄関ポーチ、駐車スペース、駐輪スペース、屋外テラス、屋外作業スペース、吹抜け等は、床面積に算入しない。）

**敷地図（縮尺：1/500、単位：mm）**

宅 地　道 路　6,000　宅地　隣地　敷地（296.00m²）　隣地　16,000　隣地　18,500　N

### (4) 家族構成

夫婦（50歳代）、子ども1人（女子中学生）

### (5) 要求室等

下表の全ての室等は、指定された設置階に計画する。

| 設置階 | 室 名 等 | 特 記 事 項 | 床 面 積 |
|---|---|---|---|
| 1 階 | 玄 関 | ア．式台及び下足入れを設ける。<br>イ．上部は、吹抜けとする。 | 適 宜 |
| | 居 間 | ア．1室又は2室にまとめてもよい。<br>イ．居間から屋外テラスへ、直接行き来ができるようにする。 | |
| | 食 事 室 | | |
| | 台 所 | | |
| | 趣 味 室 | ア．作業机といす（8席）を設ける。<br>イ．流し台（幅は1,500mm以上）及び収納を設ける。<br>ウ．屋外作業スペースと直接行き来できるようにする。 | |
| | 和 室 | ア．床の間及び押入れを設ける。<br>イ．居間と直接行き来できるようにする。<br>ウ．濡れ縁を設ける。 | 6畳以上 |
| | 便 所 | | 適 宜 |
| | 洗面脱衣室 | | |
| | 浴 室 | | |
| 2 階 | 夫婦寝室 | ・洋室とし、収納（3m²以上）を設ける。 | 適 宜 |
| | 子ども室 | ・洋室とし、収納を設ける。 | |
| | 書 斎 | | |
| | 洗 面 所 | ・コーナーとしてもよい。 | |
| | 便 所 | | |
| 適 宜 | 納 戸 | | 4m²以上 |

（注）・1階の要求室（玄関を除く）の出入口は、全て引戸又は引違い戸とする。
　　　・1階の廊下の幅は、心々1,200mm以上とする。

### (6) 屋外施設等

ア．敷地内に、乗用車（1台分）の駐車スペースを設ける。

イ．敷地内に、駐輪スペース（3台分）を設ける。

ウ．敷地内に、10m²以上の屋外テラスを設ける。

エ．敷地内に、15m²以上の屋外作業スペースを設ける。

**できる人は、プランニングまで行なってみてください。**

## 2. 要求図書

a. 下表により、答案用紙の定められた枠内に記入する（寸法線は、枠外にはみだして記入してもよい）。
b. 図面は黒鉛筆仕上げとする（定規を用いなくてもよい）。
c. 記入寸法の単位は、mm とする。なお、答案用紙の1目盛は、4.55mm（矩計図にあっては、10mm）である。
d. シックハウス対策のための機械換気設備等は、記入しなくてよいものとする。

| 要 求 図 書<br>（ ）内は縮尺 | 特 記 事 項 |
|---|---|
| (1) 1 階 平 面 図<br>兼<br>配 置 図<br>(1/100)<br><br>(2) 2 階 平 面 図<br>(1/100) | ア．1階平面図兼配置図及び2階平面図には、次のものを記入する。<br>・建築物の主要な寸法<br>・室名等<br>・「通し柱」を○印で囲み、「耐力壁」には△印を付ける。<br>（注）「耐力壁」とは、筋かい等を設けた構造上有効な壁をいう。<br>・断面図及び矩計図の切断位置及び方向<br><br>イ．1階平面図兼配置図には、次のものを記入する。<br>・敷地境界線と建築物との距離<br>・道路から建築物へのアプローチ、駐車スペース、駐輪スペース、屋外テラス、屋外作業スペース、門、塀、植栽等<br>・道路から敷地及び建築物への出入口には、▲印を付ける。<br>・屋外テラス…テーブル（4席）<br>・玄関…式台、下足入れ<br>・居間・食事室・台所…テーブル、椅子、台所設備機器（流し台・調理台・コンロ台・冷蔵庫等）<br>・趣味室…棚、作業机（1,600mm×900mm）2台、いす、流し台<br>・便所…洋式便器、手摺、手洗い器<br>・洗面脱衣室…洗面台、洗濯機<br>・浴室…浴槽<br><br>ウ．2階平面図には、次のものを記入する。<br>・1階の屋根伏図（平家部分がある場合）<br>・夫婦寝室…ベッド（2台）<br>・子ども室…ベッド、机<br>・書斎…書斎机、いす、本棚<br>・洗面所…洗面台<br>・便所…洋式便器、手洗い器 |
| (3) 2 階床伏図<br>兼<br>1 階小屋伏図<br>(1/100) | ア．主要部材（通し柱、1階及び2階の管柱、胴差、2階床梁、桁、小屋梁、火打梁、棟木、母屋、小屋束など必要なもの）については、凡例の表示記号にしたがって記入し、断面寸法（小屋束を除く。）を凡例欄に記入する。ただし、主要部材のうち、平角材又は丸太材としたものについては、その断面寸法を図面上に記入する。なお、根太及び垂木については、記入しなくてよい。<br>イ．火打梁の代わりに、構造用面材による床組とする場合には、胴差、床梁、桁を記入したうえで構造用合板の厚さ、釘の種類・打ち付け間隔を明記する。<br>ウ．その他必要に応じて用いた表示記号は、凡例欄に明記する。<br>エ．建築物の主要な寸法を記入する。 |
| (4) 立 面 図<br>(1/100) | ア．南側立面図とする。<br>イ．建築物の最高の高さを記入する。<br>ウ．床下換気口（又は、これに代わるもの）を記入する。 |
| (5) 断 面 図<br>(1/100) | ア．切断位置は、1階の居間及び2階を含む部分とする。また、少なくとも1階・2階いずれかの開口部を含むものとする。<br>イ．建築物の外形、床面及び天井面の形状がわかる程度のものとし、構造部材（梁、基礎等）については、記入しなくてよい。<br>ウ．建築物の最高の高さ、軒高、階高、天井高、1階床高、屋根勾配、開口部の内法寸法及び主要な室名等を記入する。 |
| (6) 矩 計 図<br>(1/20) | ア．切断位置は、1階及び2階の外壁を含む部分とし、1階又は2階の少なくともどちらかに開口部を含むものとする。<br>イ．作図の範囲は、柱心から1,000mm以上とする。<br>ウ．矩計図として支障のない程度であれば、水平方向及び垂直方向の作図上の省略は、行ってもよいものとする。<br>エ．主要部の寸法等（床高、天井高、階高、軒高、軒の出、開口部の内法、屋根の勾配）を記入する。<br>オ．主要部材（基礎、土台、胴差、2階床梁、2階根太、桁、小屋梁、母屋、垂木など必要なもの）の名称・断面寸法を記入する。<br>カ．床下換気口（又は、これに代わるもの）の位置・名称を記入する。<br>キ．アンカーボルト、羽子板ボルト等の名称・寸法を記入する。<br>ク．屋根（小屋裏が外気に通じている場合は、屋根の直下の天井）、外壁、その他必要と思われる部分の断熱・防湿措置を記入する。<br>ケ．室名及び内外の主要な部位（屋根、外壁、床、内壁、天井）の仕上材料名を記入する。 |
| (7) 面 積 表 | ア．建築面積、床面積及び延べ面積を記入する。<br>イ．建築面積及び床面積については、計算式も記入する。<br>ウ．計算結果は、小数点以下第2位までとし、第3位以下は切り捨てる。 |

## ■問題 A の解説

┌─── **この問題のポイント！** ───┐

☑ 建物の配置は、できるだけ北側に寄
  せて配置し、南側を広く取ることに
  よって敷地の有効利用を図る。

☑ 居間から出入りができる位置に屋外
  テラスを設ける（テラスは南側が好
  ましい）。

☑ 趣味室は、日当たりの良い位置（南
  側）に計画し、隣り合う位置に屋外
  作業スペースを計画する。

☑ 居間や寝室についても、できるだけ
  南側に計画する。

☑ 駐車スペースから屋外作業スペース
  へは、搬入用の通路が必要。

### 計画可能範囲（想定）

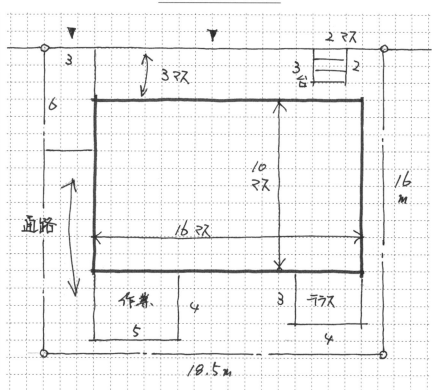

### 機能図

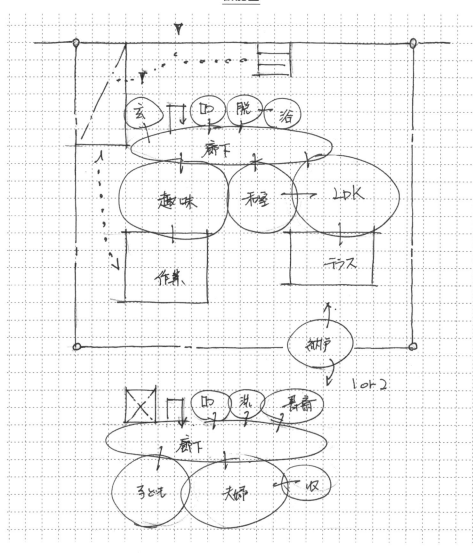

**1** 添削動画

**2** 添削動画

解説動画
**この問題のポイント**

# 設計課題「親子二世帯住宅 （木造2階建て）」

## 1. 設計条件

ある地方都市の住宅地において、家族の団らんを大切にした親子二世帯住宅（居間・食事室・台所は共用とする。）を計画する。

計画に当たっては、次の①〜③に特に留意すること。

①親世帯部分と子世帯部分は、出入口を明確に分離するものとし、玄関もそれぞれの世帯ごとに設ける。

②親夫婦寝室は、独立性に配慮し、上部には2階部分を設けてはならない。また、親夫婦寝室から見える位置に、樹木（枝張り2.5m）を植栽する。

③子供室(1)及び子供室(2)、親夫婦寝室は、日照に配慮した位置に設ける。

この問題のポイントは？

### (1) 敷地

ア．形状、道路との関係、方位等は、右図のとおりである。

イ．第1種住居地域内にあり、防火・準防火地域の指定はない。

ウ．建ぺい率の限度は60%、容積率の限度は200%である。

エ．地形は平たんで、道路及び隣地との高低差はなく、地盤は良好である。

オ．電気、都市ガス、上水道及び公共下水道は完備している。

### (2) 構造及び階数

ア．木造2階建とする。

イ．建築物の最高の高さは10m以下、かつ、軒の高さは7m以下とする。

ウ．建築物の耐震性を確保する。

### (3) 延べ面積

延べ面積は、「160m² 以上、200m² 以下」とする。

（床面積については、ピロティ、玄関ポーチ、駐車スペース、駐輪スペース等は算入しないものとする。）

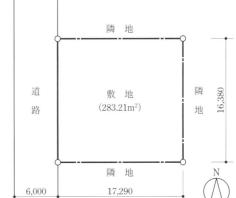

敷地図（縮尺：1/500、単位：mm）

### (4) 家族構成

ア．親世帯：夫婦（70歳代）

イ．子世帯：夫婦（30歳代）、子供2人（女子中学生、男子小学生）

### (5) 要求室等

下表の全ての室等は、指定された設置階に計画する。

| 設置階 | 部分 | 室　名　等 | 特　記　事　項 | 床面積 |
|---|---|---|---|---|
| 1階 | 親世帯 | 玄関 (1) | ・式台及び下足入れを設ける。 | 適宜 |
| | | 親夫婦寝室 | ア．洋室とし、収納を設ける。<br>イ．テーブル（2席）を設ける。 | 19m² 以上 |
| | | 和室 | ア．主に客間として使用するが、親夫婦寝室からも直接出入りできるようにする。<br>イ．床の間及び押入れ、濡れ縁を設ける。 | 6畳以上 |
| | | 浴室 | ・手すりを設ける。 | 4m² 以上 |
| | | 洗面脱衣室 | ・洗面台及び洗濯機を設ける。 | 4m² 以上 |
| | | 便所 (1) | ア．心々 1,200mm × 1,365mm 以上とする。<br>イ．手洗い器を設ける。 | |
| | | 納戸 | | 適宜 |
| | 子世帯 | 玄関 (2) | | 適宜 |
| | | 居間 | ア．洋室とし、1室にまとめる。<br>イ．親世帯と子世帯が使用する。<br>ウ．ダイニングテーブル（6席）を設ける。 | |
| | | 食事室 | | |
| | | 台所 | | |
| | | 便所 (2) | | |
| | | (注1) 親世帯部分と子世帯部分とを行き来する部分には、建具を設けなくてもよい。<br>(注2) 親世帯部分においては、廊下の幅は、心々 1,200mm 以上とし、要求室の出入口は、全て引戸又は引違い戸とする。 | | |
| 2階 | 子世帯 | 子夫婦寝室 | ア．洋室とし、ウォークインクロゼット（3m² 以上）を設ける。<br>イ．書斎（4m² 以上）を付属させる。 | 16m² 以上 |
| | | 子供室 (1) | ・洋室とし、収納を設ける。 | |
| | | 子供室 (2) | ・洋室とし、収納を設ける。 | |
| | | 浴室 | | 適宜 |
| | | 洗面脱衣室 | ・洗面台及び洗濯機を設ける。 | |
| | | 便所 | | |
| | | 納戸 | | |

### (6) 屋外施設等

ア．自転車3台分の駐輪スペースを計画する。

イ．乗用車（主に子世帯用として使用）1台分の駐車スペースを計画する。

ウ．親夫婦寝室から見える位置に、樹木（高さ3m、枝張り2.5m）を植栽する。

## ■問題Bの解説

### この問題のポイント！

- ☑ 出入口を明確に分離することと玄関がそれぞれに要求されていることから、門及びアプローチはそれぞれに計画。

- ☑ 親夫婦寝室は独立性に配慮し上部に2階を設けてはいけないという条件から、親夫婦寝室は、東の端か西の端に想定できる。また、樹木との関係があるので、東端から検討してみるのがベター。

- ☑ 日照に配慮する必要がある部屋は、南面に窓を設けることができる位置に設ける。

- ☑ 1階の廊下部分で世帯間の行き来ができるようにする。

### 計画可能範囲（想定）

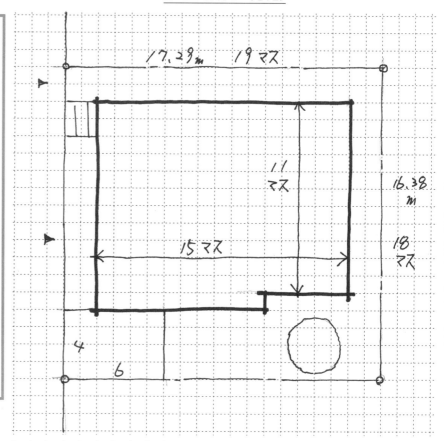

### 機能図

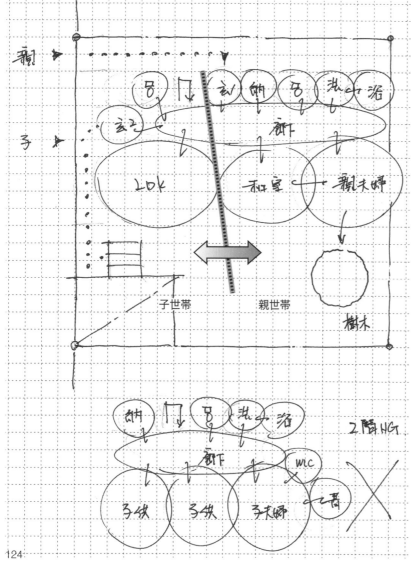

添削動画

添削動画

解説動画

この問題のポイント

# 設計課題「工房のある工芸品店併用住宅（木造2階建て）」

## 1. 設計条件

ある地方都市の住宅地において、工芸品を製作及び販売することを目的とした工房のある工芸品店併用住宅を計画する。この工房では、地域の住民を対象としたクラフト教室も行なうことができるように計画する。

計画に当たっては、次の①〜④に特に留意すること。

①店舗部分と住宅部分は、出入口を明確に分離し、屋内の1階部分で行き来ができるようにする。

②売場の出入口は、道路に面した位置に設ける。（売場と工房は、直接行き来できるようにする必要はない。）

③工房から利用できる位置に屋外テラスを設ける。（この屋外テラスは、工房へのアプローチを兼ねてもよい。）

④店舗部分のアプローチに、シンボルツリー（高さ3m、枝張り2m）を植栽する。

### (1) 敷地

ア．形状、道路との関係、方位等は、右図のとおりである。

イ．第1種住居地域内にあり、防火・準防火地域の指定はない。

ウ．建ぺい率の限度は60%、容積率の限度は200%である。

エ．地形は平たんで、道路及び隣地との高低差はなく、地盤は良好である。

オ．電気、都市ガス、上水道及び公共下水道は完備している。

### (2) 構造及び階数

ア．木造2階建とする。

イ．建築物の最高の高さは10m以下、かつ、軒の高さは7m以下とする。

ウ．店舗部分における地盤面からの床高さは、200mm以下とする。

エ．建築物の耐震性を確保する。

### (3) 延べ面積

延べ面積は、「160m²以上、200m²以下」とする。

（床面積については、ピロティ、玄関ポーチ、屋外テラス、サービスヤード、駐車スペース、駐輪スペース、吹抜け等は算入しないものとする。）

### (4) 人員構成

夫婦（夫：42歳、妻：37歳）、子ども2人（共に小学生）、アルバイト1人

敷地図（縮尺：1/500、単位：mm）

### (5) 要求室等

下表の全ての室等は、指定された設置階に計画する。

| 設置階 | 室 名 等 | | 特 記 事 項 | 床 面 積 |
|---|---|---|---|---|
| 1階 | 店舗部分 | 売 場 | ア．レジカウンターを設ける。<br>イ．商品陳列棚（奥行きは、400mm以上）を設ける。 | 20m²以上 |
| | | 工 房 | ア．屋外から直接出入りができるようにする。<br>イ．上部には2階部分を設けてはならない。 | 20m²以上 |
| | | 倉 庫 | ・商品の保管や工房の準備室として使用する。 | 4m²以上 |
| | | 便 所 | ア．心々1,200mm×1,500mm以上とする。<br>イ．売場と工房の共用とする。 | 適 宜 |
| | | 洗 面 所 | ・コーナーとしてもよい。 | |
| | (注) 店舗部分は、履物は履き替えないものとする。 | | | |
| | 住宅部分 | 玄 関 | ・上部は吹抜けとする。 | 適 宜 |
| | | 夫婦寝室 | ア．洋室とし、収納を設ける。<br>イ．パソコンコーナーを設ける。 | |
| | | 浴 室 | | |
| | | 洗面脱衣室 | ・サービスヤードと直接行き来できるようにする。 | |
| | | 便 所 | ・手洗い器を設ける。 | |
| 2階 | 住宅部分 | 居 間 | ア．1室又は2室にまとめてもよい。<br>イ．食品庫（面積は、3m2以上）を付属させる。<br>ウ．キッチンは対面としてもよい。 | 適 宜 |
| | | 食 事 室 | | |
| | | 台 所 | | |
| | | 子ども室 | ア．将来において、間仕切り壁を設けることにより2室に分割でき、それぞれ独立して使用できるようにする。<br>イ．2室に分割したときも、それぞれの室で使用できる収納を設ける。 | 19m²以上 |
| | | 納 戸 | | 3m²以上 |
| | | 便 所 | | 適 宜 |
| | | 洗 面 所 | ・コーナーとしてもよい。 | |

### (6) 屋外施設等

屋外に、下表のものを計画する。

| 名 称 | 特 記 事 項 |
|---|---|
| 屋外テラス | ア．面積は、10m²以上とし、工房から直接行き来できるようにする。<br>イ．工房へのアプローチ部分と兼ねてもよい。 |
| サービスヤード | ・面積は、6m²以上とする。 |
| 駐車スペース | ・乗用車2台分（客用1台分、住宅用1台分）を設ける。 |
| 駐輪スペース | ・客用として6台分以上、住宅用として2台分以上を設ける。 |

## ■問題Cの解説

### ─ この問題のポイント！ ─

☑ 住宅部分と店舗部分の出入口は明確に分離（店舗のアプローチ部分から住宅部分へ行き来ができないように、境界には塀を設けます）。

☑ 屋内の1階で行き来ができるようにする（原則、廊下同士で行き来ができるようにします）。

☑ 屋内において行き来する部分は、靴の履き替えが伴うので、そのスペースを考慮する。また、床高さが変わるので、式台などを設ける。

☑ 工房に面した位置に屋外テラスを設ける。

☑ 店舗のアプローチ部分にシンボルツリーを設ける。

### 計画可能範囲（想定）

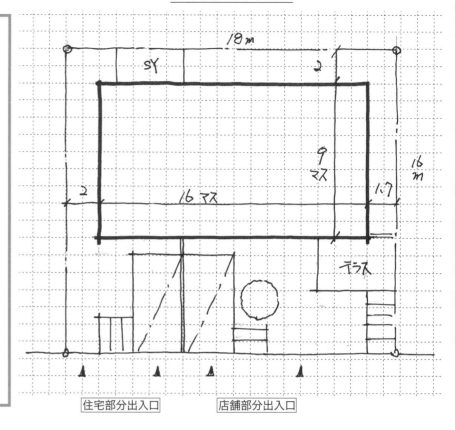

住宅部分出入口　　店舗部分出入口

### 機能図

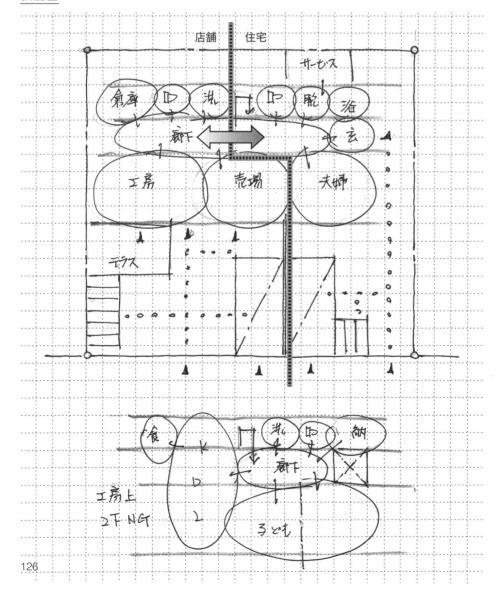

1 添削動画

2 添削動画

解説動画

この問題のポイント

126

# 設計課題「カルチャー教室を併設する住宅（木造2階建て）」

## 1. 設計条件

ある地方都市の住宅地において、カルチャー教室を併設する住宅を計画する。

なお、計画に当たっては、次の①〜③に特に留意すること。

①カルチャー教室部分と住宅部分とは、出入口を明確に分離し、屋内の1階部分で行き来できるようにする。

②第二教室は、既存樹木を眺めることができる位置とする。

③第一教室、第二教室、第三教室のうち、少なくとも、2以上の教室については、東側の道路に面した位置とする。

### (1) 敷地

ア．形状、道路との関係、方位等は、右図のとおりである。なお、敷地内の斜線部分は、駐車・駐輪・通路・植栽等のスペースとし、建物は計画してはならない。また、既存樹木（枝張り2.6m）は、現在の位置に保存することとし、移設や撤去は行ってはならない。

イ．第1種住居地域内にあり、防火・準防火地域の指定はない。

ウ．建ぺい率の限度は60%、容積率の限度は200%である。

エ．地形は平たんで、道路及び隣地との高低差はなく、地盤は良好である。

オ．電気、都市ガス、上水道及び公共下水道は完備している。

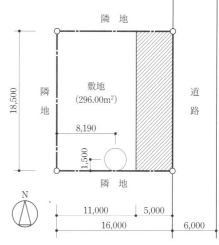

敷地図（縮尺：1/500、単位：mm）

### (2) 構造及び階数

ア．木造2階建てとする。

イ．建築物の最高の高さは10m以下、かつ、軒の高さは7m以下とする。

ウ．筋かいを適切に設けることにより、建築物の耐震性を確保する。

### (3) 延べ面積

延べ面積は、「190m²以上、230m²以下」とする。

（床面積については、ピロティ、玄関ポーチ、駐車スペース、駐輪スペース、サービスバルコニー等は算入しないものとする。）

### (4) 家族構成

夫婦（夫：プログラマー42歳　妻：ヨガインストラクター38歳）、子供1人（中学生）

### (5) 要求室等

下表の全ての室等は、指定された設置階に計画する。

| 部分 | 設置階 | 室名等 | 特記事項 | 床面積 |
|---|---|---|---|---|
| カルチャー教室部分 | 1階 | 玄関ホール | ア．履物は履き替えるものとし、靴脱ぎスペースを設ける。<br>イ．下足入れを設ける。 | 適宜 |
| | | 事務室 | ア．玄関ホールに面して受付カウンターを設ける。<br>イ．ミニキッチン、キャビネット、ミーティングテーブル（4席）を設ける。 | |
| | | 第一教室 | ア．パソコン教室などに利用する。<br>イ．6席程度の机及び椅子を設ける。 | |
| | | 第二教室 | ア．ヨガなどの体操教室に利用する。<br>イ．直径3mの円を含む事ができる広さとし、いずれかの壁に、鏡（幅1,000mm×高さ2,200mm）を3枚並べて設置する。 | |
| | | 第三教室 | ア．10席程度の机及び椅子を設ける。<br>イ．教卓及び流し台（1,100mm×600mm）を設ける。 | |
| | | 男子便所 | ・洋式便器を設ける。 | |
| | | 女子便所 | ・洋式便器を設ける。 | |
| | | 洗面所 | ・コーナーとしてもよい。 | |
| | | 倉庫 | ・第一教室の近くとする。 | 4m²以上 |
| 住宅部分 | 1階 | 玄関 | ・下足入れ及び式台を設ける。 | 適宜 |
| | 2階 | 居間 | ・ソファ及びリビングテーブルを設ける。 | 16m²以上 |
| | | 食事室<br>台所 | ア．キッチンは対面とする。<br>イ．サービスバルコニーと直接行き来できるようにする。 | 適宜 |
| | | 子供室 | ・洋室とし、収納を設ける。 | |
| | | 夫婦室 | ア．洋室とし、収納及びパソコンコーナーを設ける。<br>イ．公園への眺望に配慮した位置とする。 | |
| | | 洗面脱衣室 | | |
| | | 浴室 | | |
| | | 便所 | | |
| | | 納戸 | | 3m²以上 |
| | | (注) サービスバルコニー（心々1,820mm（幅）×910mm（奥行き）以上）を設ける。 | | |

### (6) 屋外施設等

屋外に、下表のものを計画する。

| 名称 | 特記事項 |
|---|---|
| 駐車スペース | ・乗用車3台分（カルチャー教室用2台、住宅用1台）を設ける。 |
| 駐輪スペース | ・自転車10台分以上（カルチャー教室用）を設ける。 |

## ■問題 D の解説

☑ 教室部分と住宅部分は出入口を明確に分離させる（アプローチを分ける）。

☑ 屋内部分で行き来をさせる（教室部分は上履きなので、段差を設けずに行き来できるようにする）。

☑ 第二教室から既存樹木が見えるようにする（第二教室の位置はほぼ確定）。

☑ 3 つの教室のうち少なくとも 2 つは東側に設ける。

☑ 敷地の斜線部分（**非建蔽地**）には建物を計画してはならない（屋根もかからないようにする）。

### 計画可能範囲（想定）

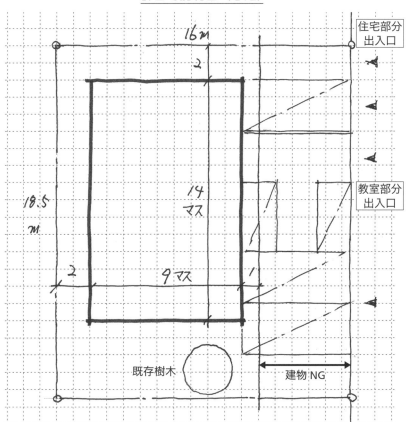

住宅部分出入口

教室部分出入口

16m

18.5m

14 マス

9 マス

既存樹木

建物 NG

## 機能図

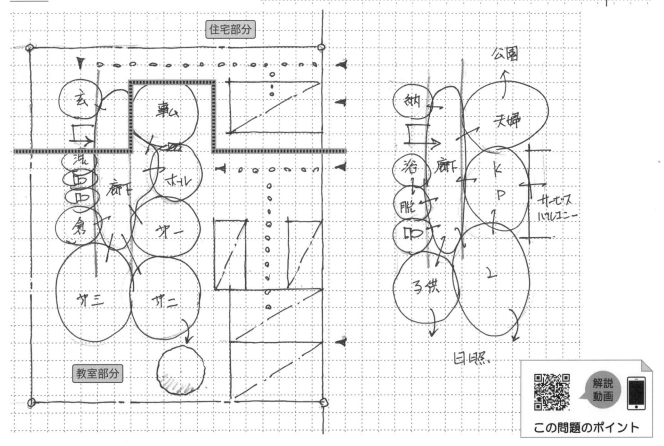

住宅部分

玄　車　ホール

洗　廊　オー

魚　オ二　オ二

教室部分

納　夫婦　公園

浴　廊　K・P　サービスバルコニー

脱　子供

日照

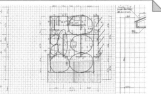

# 第六章
# RC造課題 問題事例

　スタイリッシュで飽きのこないデザイン、高い安全性を確保した車体、快適な居心地となるよう洗練されたインテリア。

　車作りにどれだけこだわりを持っていても、ハンドルを付け忘れると車としては致命傷です。反対に、デザインや乗り心地は多少悪くても、走る・止まる・曲がるなど、車としての基本的な機能を果たすことができれば、車としては及第点をもらうことができます。

　この２つの車、試験で合格の可能性がなくなるのは、言うまでもなく前者です。

　いくら細部にこだわったとしても、車の機能を果たさなければ意味がありません。

　この例は少し極端かもしれませんが、実際の試験ではこのように、細かいことに意識がいきすぎて、肝心なことができていなかったりすることがあります。

　ハンドルのない車にならないよう、まずは重要な点をおさえてから、細かいことを詰めていくようにしてください。

　優先順位を理解し、解答に反映させることが、この試験においてはとても重要です。

受験生もそれなりに試験対策を行なっていますので、ハンドルを付け忘れるような大きなミスは考えにくいのですが、いざ本番で、「左側に運転席を設ける」なんていう条件が突然出てきたりするとパニックになることがあります。ウインカーの位置を間違える程度でしたら減点で済みますが、左右両方にハンドルを設けてしまったり、結局完成できなかったりする人がいます。大事なポイントを見極める練習もこの試験には必要です。その点も意識して、試験対策を行なってください。

# 設計課題「書店併用住宅（鉄筋コンクリート造）」

## 1. 設計条件

ある地方都市の住宅地において、書店併用住宅を計画する。

計画に当たっては、次の①～③に特に留意する。

①書店部分と住宅部分は、出入口を分離し、屋内の1階部分で直接行き来できるように計画する。

②書店部分の売場には、吹抜け及び読書コーナー（共に道路に面した位置とする）を設ける。

③書店部分の計画においては、高齢者及び身体障がい者の利用に配慮する。

### (1) 敷地

ア. 形状、道路との関係、方位等は、右図のとおりである。なお、交差点より7mの範囲は、安全に配慮し、駐車スペース及びその出入口を計画してはならない。（東側の道路においては、交差点から7mの範囲以外は、車の出入りは可能である。）

イ. 近隣商業地域内にあり、準防火地域に指定されている。

ウ. 建蔽率の限度は90%、容積率の限度は300%である。

エ. 地形は平坦で、道路及び隣地との高低差はなく、地盤は良好である。

オ. 電気、都市ガス、上水道及び公共下水道は完備している。

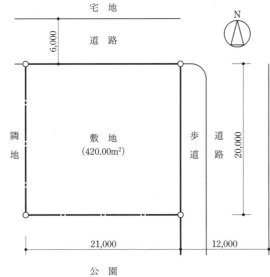

敷地図（縮尺：1/500、単位：mm）

### (2) 構造、階数、建築物の高さ等

ア. 鉄筋コンクリート造（ラーメン構造）2階建てとする。

イ. 建築物の最高の高さは10m以下、かつ、軒の高さは9m以下とする。

ウ. 建築物の外壁面及び柱面は、隣地境界線から500mm以上離す。

エ. 塔屋（ペントハウス）は、設けない。

### (3) 延べ面積等

ア. 延べ面積は、「260m²以上、300m²以下」とする。

イ. ピロティ、玄関ポーチ、バルコニー、吹抜け、駐車スペース、駐輪スペース等は、床面積に算入しない。

### (4) 人員構成等

ア. 住宅部分：親世帯…夫の母（60歳代）

　　　　　　　子世帯…夫婦（30歳代）、子ども1人（小学生）

イ. 書店部分：子世帯夫婦で運営、従業員3名

### (5) 要求室等

下表の全ての室等は、指定された設置階に計画する。

| 部分 | 設置階 | 室名等 | 特記事項 |
|---|---|---|---|
| 書店部分 | 1階 | 売場 | ア. 面積は、80m²以上とし、道路に面した位置に設ける。<br>イ. 吹抜け（18m²以上）を設け、開放的な空間を演出する。<br>ウ. 読書コーナー及び新刊コーナー、レジカウンターを設ける。 |
| | | 店長室 | ・机及び椅子（2人分）を設ける。 |
| | | 更衣・休憩室 | ア. 面積は、8m²以上とする。<br>イ. ロッカー（5人分）及びベンチを設ける。 |
| | | 倉庫 | ・面積は、10m²以上とする。 |
| | | 便所 | ・書店の客及び従業員が使用する。 |
| | | 多機能便所 | ア. 面積は、4m²以上とする。<br>イ. 洋式便器及び手すり、手洗器、おむつ替え台を設ける。 |
| | | 洗面所 | ・コーナーとしてもよい。 |
| | | 物入 | ・掃除用具などを収納する。 |
| | | 通用口 | |
| 住宅部分 | 1階 | 玄関ホール | |
| | | 玄関収納 | ・面積は、3m²以上とする。 |

| 部分 | 設置階 | 室名等 | 特記事項 |
|---|---|---|---|
| 住宅部分 | 2階 | 居間 | ア. 1室又は2室にまとめてもよい。 |
| | | 食事室 | イ. 居間又は食事室からバルコニーに直接行き来ができるようにする。 |
| | | 台所 | ウ. 収納を設ける。 |
| | | 子世帯夫婦寝室 | ・洋室とし、ベッド（計2台）、収納（2m²以上）を設ける。 |
| | | 書斎 | ・面積は、5m²以上とし、子世帯夫婦寝室に付属させる。 |
| | | 母の寝室 | ・洋室とし、ベッド及び収納を設ける。 |
| | | 子ども室 | ・洋室とし、ベッド、机、いす、収納を設ける。 |
| | | 納戸 | |
| | | 浴室 | |
| | | 洗面脱衣室 | |
| | | 便所 | |
| | | バルコニー | ・奥行きは、1,500mm以上とし、南側に設ける。 |

（注1）各要求室においては、床面積・広さの指定がない場合、床面積は適宜とする。

（注2）書店部分においては、全て下足とする。

（注3）住宅部分の階段は、蹴上の寸法を180mm以下とする。

### (6) 屋外施設等

ア. 屋外に、自転車11台分（書店の客用8台、住宅用3台）の駐輪スペースを設ける。

イ. 屋外に、駐車スペース1台分（書店用とし、大きさは、幅3,600mm×5,500mm以上）を設ける。

ウ. 店舗部分における敷地内及び建物内の通路の計画において高低差が生じる場合は、屋外スロープ（勾配は1/15以下）を設ける。

エ. 敷地内（特に道路に面した位置）は、積極的に緑化スペースを設けるものとする。

## ■問題 E の解説

☑ 書店部分と住宅部分は出入口を明確に分ける。2方向に接道しているので、原則、それぞれの道路から出入口を設けるようにする。そして、メイン道路である東側の道路に対して併用部分である書店のアプローチを設けるようにする。

☑ 書店部分と住宅部分は屋内の1階部分で行き来ができるようにする。

☑ 書店部分の売場には吹抜けと道路に面した位置に読書コーナーを設ける。

☑ 2階には住宅の計画があるので、基本的に建物は北側に寄せて配置し、南側の空きが広くなるようにする。

住宅出入口

**計画可能範囲**

20 m

14 m

15 m

21 m

店舗出入口

有毛出入口

メイン道路

店舗出入口

有毛

店舗

行き来

えし

> まずは簡単にこのようなイメージを思い描くことができるように。

> 敷地の大きさと求められている屋外施設、それから境界線との適切な空き寸法、この3つから、建物が計画できる範囲の検討を行ないます。
> 住宅の計画がありますので、南側の空きはなるべく広くなるように意識してください。

> 計画可能範囲と指定延べ面積より、このような柱割（スパンの計画）が想定できます（想定なので、この通りにプランニングをする必要はありません）。

**柱割（想定）**

7　7　7

6

6

6

吹抜

1階　14×12＝168
2階　14×12－吹抜－バル＝130
合計　298m²

5　5　5

5

6

吹抜

1階　15×11＝165
2階　15×11－吹抜－バル＝130
合計　295m²

バルコニー

バルコニー

## 機能図（1階）

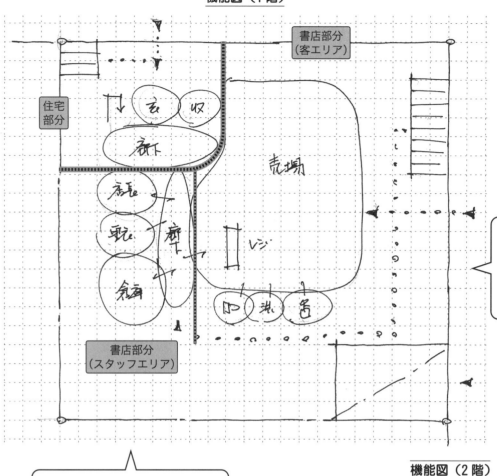

住宅部分

書店部分（客エリア）

玄　収

廊下

寝室

脱衣

浴室

納戸

売場

レジ

書店部分（スタッフエリア）

> 店舗のアプローチはメイン道路に対して設けましょう。売場はできるだけ道路に対して間口が広い方が、集客に結びつきます。

> **ゾーニング**
> 1階はこのようなゾーンに分かれることを意識してください。

## 機能図（2階）

浴

脱　WC　押入

廊下

吹抜

書斎

夫婦

母

子ども

ひbk

バルコニー

> 居室は全て南面できるとベストですが、できない場合は、優先順位を考えます。
> 家族が集まる居間、日中在室している時間が長い母の寝室、子ども室が優先です。

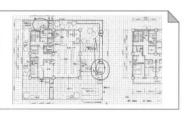 添削動画 **1**

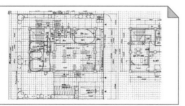 添削動画 **3**

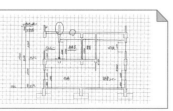 添削動画 **2**

 解説動画　この問題のポイント

# 設計課題「カフェを併設する三世代住宅（鉄筋コンクリート造）」

## 1. 設計条件

ある地方都市の住宅地において、地域住民が交流できるカフェを併設する三世代住宅を計画する。

なお、計画に当たっては、次の①～③に特に留意すること。

①カフェ部分と住宅部分とは、出入口を明確に分離し、屋内の1階部分で行き来できるようにする。

②カフェスペースから出入りができる位置にオープンテラスを設け、屋外でも飲食を楽しめるようにする。

③敷地内に庭園を設け、カフェスペースのカウンター席から庭園を眺めることができるようにする。

### (1) 敷地

ア．形状、道路との関係、方位等は、右図のとおりである。

イ．道路境界線から5mの範囲（斜線部分）は、屋外施設のためのスペースとし、建物を計画してはならない。

ウ．第一種住居地域内にあり、準防火地域に指定されている。

エ．建ぺい率の限度は60%、容積率の限度は200%である。

オ．地形は平たんで、道路及び隣地との高低差はなく、地盤は良好である。

カ．電気、都市ガス、上水道及び公共下水道は完備している。

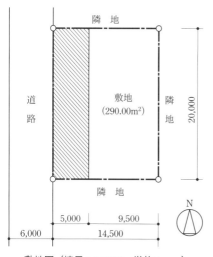

敷地図（縮尺：1/500、単位：mm）

### (2) 構造、階数、建築物の高さ等

ア．鉄筋コンクリート造（ラーメン構造）3階建とする。

イ．建築物の最高の高さは10m以下、かつ、軒の高さは9m以下とする。

ウ．建築物の外壁面及び柱面は隣地境界線から500mm以上離すものとする。

エ．塔屋（ペントハウス）は、設けない。

### (3) 延べ面積等

ア．延べ面積は、「260m²以上、300m²以下」とする。

イ．住宅部分の床面積の合計は、必ず「200m²以下」とする。

ウ．ピロティ、玄関ポーチ、駐車スペース、駐輪スペース、オープンテラス、庭園等は、床面積に算入しないものとする。

### (4) 人員構成等

ア．住宅…親世帯：夫婦（60歳代）　子世帯：夫婦（30歳代）、子ども（2人）

イ．カフェ…従業員（数名）

### (5) 要求室等

下表の全ての室は、指定された設置階に計画する。

| 部分 | 設置階 | 室名 | 特記事項 |
|---|---|---|---|
| カフェ部分 | 1階 | カフェスペース | ア．面積は、適宜とする。<br>イ．カウンター席を8席以上、テーブル席を12席以上、レジカウンターを設ける。 |
| | | 厨房 | ・面積は、12m²以上とする。 |
| | | 休憩室 | ア．スタッフの休憩や事務作業などに使用する。<br>イ．面積は、10m²以上とする。 |
| | | 便所 | ・男女兼用とする。 |
| | | 洗面所 | ・コーナーとしてもよい。 |
| | | 授乳室 | ・面積は、5m²以上とする。 |
| 住宅部分 | 1階 | 玄関 | ・防火戸を介して、カフェ部分へ直接行き来できるようにする。 |
| | 2階 | 居間・食事室・台所 | ・面積は、25m²以上とする。 |
| | | 食品庫 | ・面積は、3m²以上とする。 |
| | | 夫婦寝室（親世帯） | ・洋室12m²以上とし、その他に収納（3m²以上）を設ける。 |

| 部分 | 設置階 | 室名 | 特記事項 |
|---|---|---|---|
| 住宅部分 | 2階 | 夫婦寝室（子世帯） | ・洋室12m²以上とし、その他に収納（3m²以上）を設ける。 |
| | | 洗面脱衣室 | ・面積は、4m²以上とする。 |
| | | 浴室 | ・面積は、4m²以上とする。 |
| | | 便所 | ・広さは、心々1,200mm×1,500mm以上とする。 |
| | 3階 | 子ども室(1) | ・洋室とし、収納を設ける。 |
| | | 子ども室(2) | ・洋室とし、収納を設ける。 |
| | | 便所 | |
| | | 納戸 | |
| | | 多目的室 | ・家族が読書・談話など自由に利用する空間とし、コーナーとしてもよい。 |

(注1) 住宅部分においては、1階、2階及び3階は、階段の他に住宅用エレベーター（1基）で連絡する。

(注2) カフェ部分と住宅部分との間は、両部分を行き来するための防火戸で防火区画とする。また、住宅部分の竪穴部分（階段、エレベーターシャフト及び吹抜け）についての防火区画は、考慮しなくてよい。

### (6) 屋外施設等

| 名称 | 特記事項 |
|---|---|
| 駐車スペース | ・カフェ用1台分、住宅用1台分を設ける。 |
| 駐輪スペース | ・カフェ用6台分以上、住宅用3台分を設ける。 |
| オープンテラス | ・面積は、20m²以上とし、カフェスペースから直接行き来ができるようにする。 |
| 庭園 | ・面積は、20m²以上とする。 |

### (7) エレベーター及びスロープ

ア．住宅部分に設ける住宅用エレベーターは、次のとおりとする。

・エレベーターシャフトは、心々1,500mm×1,500mm以上とする。

・駆動装置は、エレベーターシャフト内に納まるものとし、機械室は設けなくてもよい。

・出入口の幅の内法は、800mm以上とする。

イ．建築物内又は敷地内の通路の計画（カフェ部分に限る）において、高低差が生じる場合は、スロープ（勾配は1/15以下）を設ける。

## ■問題Fの解説

─── **この問題のポイント！** ───

☑ カフェ部分と住宅部分とは出入口を明確に分離し、屋内で行き来させる（これは併用住宅課題においては常に意識する必要がある）。

☑ 西側の道路から5mの範囲は建物を計画してはならない（柱や壁の寸法を考慮すると壁心では5.5mほどの空きが必要）。

☑ カフェスペースから出入りできる位置にオープンテラスを設ける。

☑ カウンター席から眺めることができる位置に庭園を設ける。

☑ 3階建てなので、住宅部分の面積が200m²を超える場合は、竪穴区画が必要。ただし、この問題の場合は、住宅部分の面積は200m²以下とするという条件なので、竪穴区画は気にしなくてもよい。また、問題に「竪穴部分についての防火区画は、考慮しなくてよい」という記述がある。

## 計画可能範囲

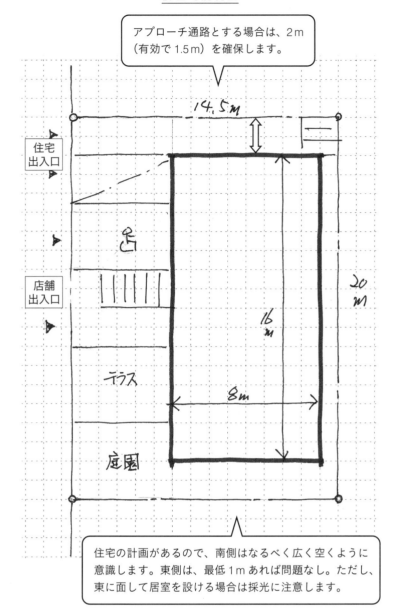

> アプローチ通路とする場合は、2m（有効で1.5m）を確保します。

> 住宅の計画があるので、南側はなるべく広く空くように意識します。東側は、最低1mあれば問題なし。ただし、東に面して居室を設ける場合は採光に注意します。

## 柱割（想定）

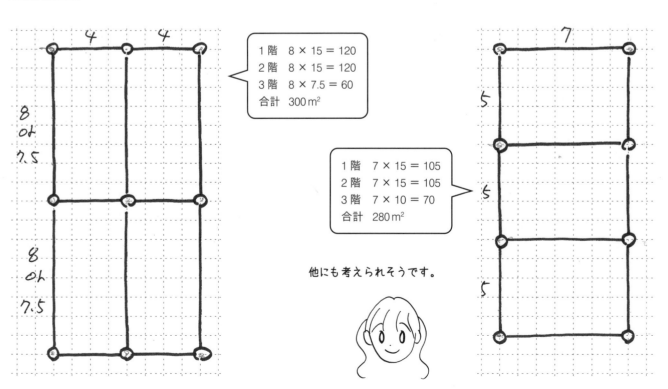

> 1階　8×15＝120
> 2階　8×15＝120
> 3階　8×7.5＝60
> 合計　300m²

> 1階　7×15＝105
> 2階　7×15＝105
> 3階　7×10＝70
> 合計　280m²

他にも考えられそうです。

住宅部分からカフェ部分への行き来は、
玄関土間部分から行なうことも可能です。

**機能図**

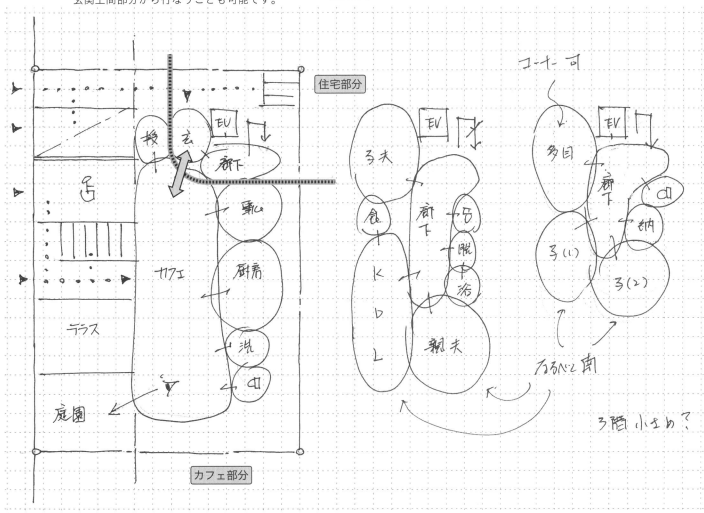

住宅部分

カフェ部分

カフェの出入口は、道路からわかるように道路に
面して設けるのがベターです。また、アプローチ
は、道路から真っすぐな単純な動線となるように
心がけましょう。

両方の夫婦寝室を南面させることが難しい
場合は、できるだけ親世帯の夫婦寝室を優
先させます。

南面できない部屋は、隣地側より
道路側に面した方が、明るいです
し、視線が気にならないです。

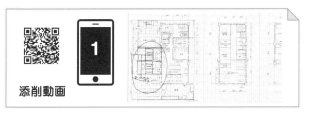

添削動画 1

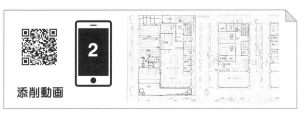

添削動画 2

解説動画

この問題のポイント

## 設計課題「貸店舗（雑貨店）を併設する住宅（鉄筋コンクリート造）」

### 1. 設計条件

ある地方都市の商店街において、1階及び2階に貸店舗を併設する住宅を計画する。貸店舗は、吹抜け空間のあるインテリア雑貨店とし、1階及び2階を一体の店舗として使用するものとする。

計画に当たっては、次の①～③に特に留意する。

①店舗部分と住宅部分の出入口及びアプローチは、それぞれに設ける。
②店舗部分と住宅部分は、防火区画を行う。
③建築物の耐震性を確保する。

**(1) 敷地**

ア．形状、道路との関係、方位等は、右図のとおりである。
イ．近隣商業地域内にあり、準防火地域に指定されている。
ウ．建ぺい率の限度は80%、容積率の限度は300%である。
エ．地形は平たんで、道路及び隣地との高低差はなく、地盤は良好である。
オ．電気、都市ガス、上水道及び公共下水道は完備している。

**(2) 構造、階数、建築物の高さ等**

ア．鉄筋コンクリート造（ラーメン構造）3階建とする。
イ．建築物の最高の高さは10m以下、かつ、軒の高さは9m以下とする。
ウ．建築物の外壁面及び柱面は隣地境界線から500mm以上離すものとする。

**(3) 延べ面積等**

ア．延べ面積は、「250m²以上、300m²以下」とする。
イ．ピロティ、玄関ポーチ、吹抜け、バルコニー、サービスバルコニー、駐輪スペース等は、床面積に算入しないものとする。
ウ．エレベーターのシャフト部分については、エレベーターが着床する階についてのみ、床面積に算入するものとする。

**(4) 人員構成等**

ア．住宅部分は、夫婦（60歳代）の2人暮らしである。
イ．店舗部分は、店長1名及び従業員（数名）が就業する。

敷地図（縮尺：1/500、単位：mm）

**(5) 要求室等**

下表の全ての室等は、指定された設置階に計画する。

| 設置階及び室名 | | 特記事項 | 床面積 |
|---|---|---|---|
| 店舗部分 | 1階 売場（1） | ア．吹抜け（面積は25m²以上）を設ける。<br>イ．2階の売場(2)へ通じる階段を設ける。<br>ウ．レジカウンター及び商品陳列棚を設ける。 | 適宜 |
| | 便所（1） | ア．男子用とする。<br>イ．洋式便器及び手洗器を設ける。 | |
| | 便所（2） | ア．女子用とする。<br>イ．洋式便器及び手洗器を設ける。 | |
| | 倉庫 | ・棚を設ける。 | 5m²以上 |
| | 2階 売場（2） | ア．吹抜けに面し、売場(1)を見下ろすことができるようにする。<br>イ．商品陳列棚を設ける。 | 適宜 |
| | 事務室 | ア．テーブル及び椅子(4席)、ミニキッチン、冷蔵庫を設ける。<br>イ．収納（3m²以上）を設ける。 | 12m²以上（収納を除く） |

| 設置階及び室名 | | 特記事項 | 床面積 |
|---|---|---|---|
| 住宅部分 | 1階 玄関 | ・下足入れを設ける。 | 適宜 |
| | 3階 居間 | ア．1室又は2室にまとめてもよい。<br>イ．食事室には、テーブル及び椅子（4席）を設ける。<br>ウ．サービスバルコニーを設け、台所から行き来ができるようにする。 | 適宜 |
| | 食事室 | | |
| | 台所 | | |
| | 食品庫 | ・棚を設ける。 | |
| | 夫婦寝室 | ・洋室とし、ウォークインクロゼット（3m²以上）を設ける。 | |
| | 書斎 | ・書斎机及び椅子を設ける。 | |
| | 洗面脱衣室 | | |
| | 浴室 | | |
| | 便所 | ・手洗器を設ける。 | |
| | 納戸 | ・棚を設ける。 | |

（注1）住宅部分においては、階段の他に住宅用エレベーター（1基）を設ける。
（注2）3階にバルコニーを設ける。
（注3）台所から出入りできる位置に、サービスバルコニーを設ける。
（注4）店舗部分においては、全て履物は履き替えないものとする。

**(6) 屋外施設等**

ア．自転車4台分（店舗用）の駐輪スペースを計画する。
イ．駐車スペースは、近隣にある駐車場を利用するものとし、計画しないものとする。

**(7) エレベーター及びスロープ**

ア．建築物内に、必ず住宅用エレベーター1基を設ける。
・エレベーターシャフトは、心々1,500mm×1,500mm以上とする。
・駆動装置は、エレベーターシャフト内に納まるものとし、機械室は設けなくてよい。
・出入口の幅の内法は、800mm以上とする。
・2階においては、着床の必要はない。
イ．店舗部分のアプローチの計画において高低差が生じる場合は、必要に応じてスロープ（勾配は、1/12以下）を設ける。

## ■問題Gの解説

┌─── この問題のポイント！ ───┐

☑ 店舗部分の計画が1階と2階に必要（設計課題が併用住宅課題と発表されても、併用部分が1階だけとは限らない）。

☑ 2階に店舗部分を計画するので、当然階段が必要になる（階段は条件がなくても必要です）。

☑ 店舗部分のエレベーターについては、条件に従う。求められなければ計画する必要はありません（むしろ、計画してはいけません）。

☑ 店舗部分と住宅部分のアプローチはそれぞれに設ける（動線を分離すること）。

☑ 貸店舗なので、内部で行き来できるようにする必要はない。

☑ 店舗部分と住宅部分は防火区画を行なう（異種用途区画になります。条件がなくても考慮してください）。

☑ 住宅部分は3層なので、200m²を超えると竪穴区画が必要。

### 計画可能範囲

北側の空きは、1mでも可能。

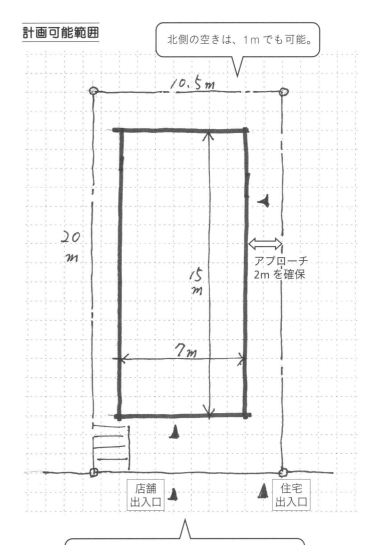

境界線からは、壁心で1m離すと、柱面から500mm以上離すことができます。500mmは有効であることに注意してください。

### 柱割（想定）

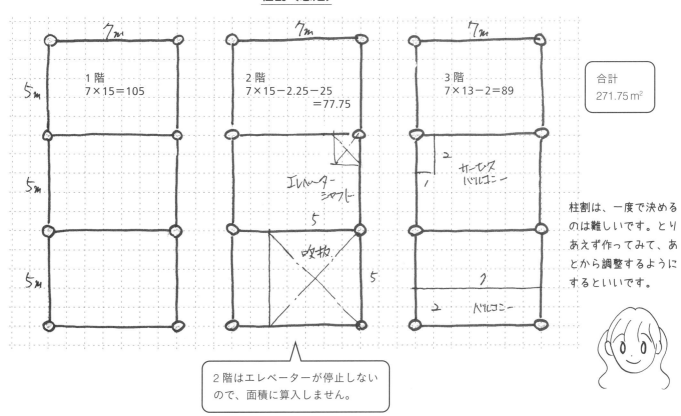

1階
7×15＝105

2階
7×15−2.25−25
＝77.75

3階
7×13−2＝89

合計
271.75m²

柱割は、一度で決めるのは難しいです。とりあえず作ってみて、あとから調整するようにするといいです。

2階はエレベーターが停止しないので、面積に算入しません。

## 機能図

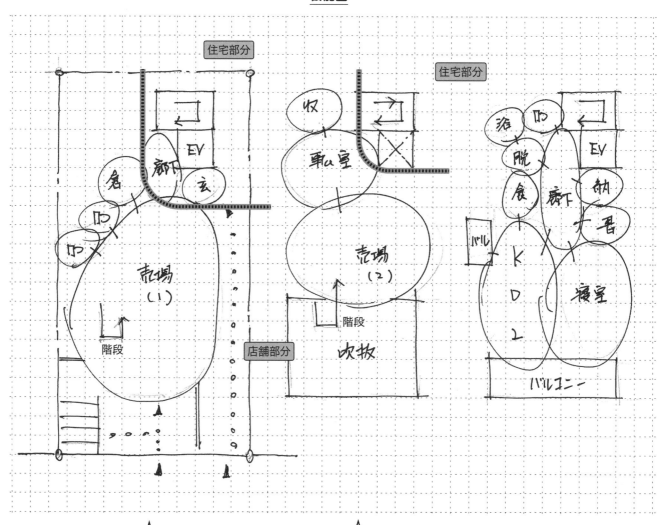

道路面は店舗を優先させます。住宅部分は奥の方に計画することになります。
店舗の計画は、初めて訪れる人でも気軽に入りやすいような雰囲気にすることが大切です。

吹抜け部分に階段を設けた場合、階段部分の面積を床面積に含めない人がいますが、階段の面積は含める必要がありますので、注意してください。
このプランのように、吹抜け内に階段を設けた場合、店舗の階段部分は、1階と2階の両方の床面積に算入します。

貸店舗の場合は、他人がお店を運営することになるので、内部で行き来させる必要がないんですね。

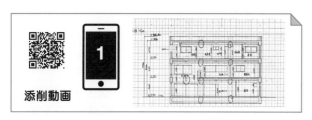

添削動画

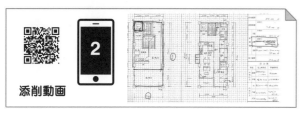

添削動画

この問題のポイント

# 作図動画

寸法線や文字を入れるまでの作図動画です。

※音声による解説はありません。

## ■木造編

### ２階平面図

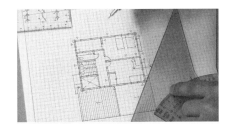

壁厚を目分量で取るところがポイントです。

### 床伏図

考え方をきちんと身につけよう。

### 断面図

手順が確立すればノンストップで描くことができます。

### 立面図

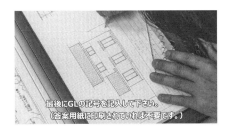

立面図は建物の輪郭から描いていこう。

### 矩計図

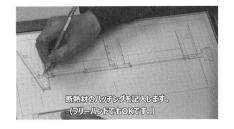

作図内容は毎回ほぼ同じです。一日も早く覚えてしまおう。

## ■ RC 造編

### 2 階平面図

断面の線と見え掛かりの線がはっきり区別できるように。

### 断面図

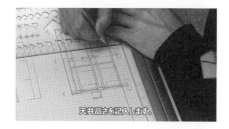

その年の課題が決まれば高さ設定は概ね固定することができます。

### 立面図

立面図は平面図との整合性に注意が必要です。

作図動画は「YouTube」でも公開しています。よかったら観てください。

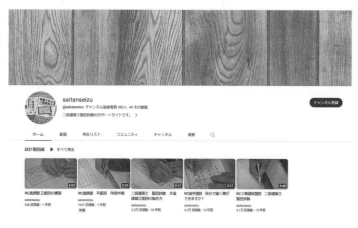

おわりに

　このテキストを見ていただいて、まず感じていただきたいことは、設計製図試験の対策は、設計課題が発表される６月以前から始めることができるということです。資格学校もその年の設計課題が発表されてから対策資料などを作りますので、受験生の中には、設計課題が発表されないと試験対策はできないと思っている方がおられるかもしれませんが、設計製図試験の対策はむしろ、課題が発表される前にしておきたい準備の方が多いと言えます。更に言えば、課題が発表される６月までに試験に合格できるレベルの力を身につけることが可能です。なので、合格をより確実にしたいと思う方には、課題が発表される前から、しっかりとスケジュールを組んで、万全の準備を整えていただきたいのです。

　この試験は、５時間という限られた時間でエスキースと作図を行なう訳ですが、作図が４時間かかる人と、３時間ほどでできる人とでは、エスキースに使える時間が約１時間も違ってきます。それだけ、きちんと準備をして短時間で作図ができる人は有利と言えます。また、この試験はどのような解答が求められていて、どのような解答が採点上有利になるのか、これらを知ることも試験時間を有効に使うことができ、合格する可能性を高くすることができると言えます。

**「プランや作図が上手な人が合格する」**

**とは、一概に言えないこの試験**

　できる人の方ができない人よりは合格できる可能性は高いとは言えますが、できるのに不合格になってしまう、また、得意ではないのに合格できてしまう、ということがこの試験にはあります。それはなぜでしょうか。いくつか理由はありますが、合格者には次のような特性があります。

・出題者が何を求めているかを正しく捉えている。
　（模範解答をそのまま写せばいいという訳ではありません）
・５時間という試験時間を効率よく使っている。
　（時間を競う試験ではありません）
・満点ではなく、合格ラインにフォーカスしている。
　（約半数が合格する試験です。合格した人も減点は受けています）

　プランにおいても作図においても、出題者が求めているものに対して適切に応えることが重要です。それができるようになるための対策は、設計課題が決まってなくてもできるのです。その点をきちんと理解できている人は、６月に発表される設計課題が何であれ、合格することはできると言えます。特に学科試験が免除の方におかれましては、６月までの時間を有効に活用していただき、合格の可能性を高めていただきたいと思います。

最端製図.com　神無　修二

## ■最端製図. com のアイテム紹介 (2023 年 6 月時点)

### □最端製図. com　通信添削講座
通信添削で学ぶ、設計製図試験対策講座。
1 月から 5 月までの前半戦講座と 6 月から試験日までの後半戦講座があります。

### □最端製図　学科クラブ（二級）
学科試験の合格を目指す人を応援するサイト（合格までの費用は 2.7 万円）
わかりやすい講義ノートと 20 年分以上の過去問題と解説を閲覧することができます。
メンバー専用の掲示板やメールで 24 時間いつでも質問を行なうことが可能です。

### □最端製図　学科クラブ（一級）
二級と同じく学科試験の合格を目指す人を応援するサイトです。（費用は 3.5 万円）
講義ノートと 14 年分の過去問題と解説を閲覧することができます。
メンバー専用の掲示板やメールで 24 時間いつでも質問を行なうことが可能です。

### □最端製図. com 製図学習アイテム
・オリジナルテンプレート定規（1/100 と 1/200 スケール）

テンプレート定規は 1/100 をメインに使ってください。矩計図の作図やプランニングを 1/200 でする人は、1/200 もあると便利です。

## ■学芸出版社より全国の主要書店で販売中

### □二級建築士設計製図試験 最端エスキース・コード
設計製図試験の基本テキスト
資格学校で習うこと以上の情報が満載！

### □二級建築士 はじめの一歩
これから建築士試験を志す人のためのテキスト
いろんなテキストを見る前に、まずはこの 1 冊

### □動画で学ぶ 二級建築士（学科編）
受験生が苦手とする問題を集約したテキスト
詳しい解説の掲載はもちろん、動画を見て学ぶことができます。

## 著者紹介

**神無修二**（かんなしゅうじ／本名・小笠原修二）
1969 年大阪生まれ。日本建築専門学校卒業
2006 年に最端製図.com を設立
2014 年に最端製図株式会社として法人化
製図講座では、毎年 1,000 枚以上の図面に赤ペンを入れる。
一級建築士
著書
『二級建築士設計製図試験 最端エスキース・コード』
『二級建築士 はじめの一歩』
『動画で学ぶ二級建築士（学科編）』

## 執筆協力

夫婦岩真友（めおといわまゆ／ハンドルネーム：meo）動画編集担当
鈴木順一（すずきじゅんいち／ハンドルネーム：じゅんぺい）
西嶋夕紀（にしじまゆき／ハンドルネーム：ゆこ）

## 添削動画で図面を提供してくださったみなさん

《木造編》
山内幸子さん　具志堅政順さん　常盤慶子さん
jk さん　haukea さん　henry さん　ツグミさん

《鉄筋コンクリート造編》
中村智子（Y 子）さん　片倉真理さん　井口みゆきさん
米山史帆さん　菅原香さん　jps さん　ちぃさん

## 合格者図面を提供してくださったみなさん

《令和 4 年》 U・S さん　みっちゃんさん　kirimi さん　Sachiko さん
《令和 3 年》 岩崎さん　T 子さん　よしさん
《令和 2 年》 ichi さん　tmm さん　kei さん
《令和 元 年》 arrow さん　さちさん　tetom さん
《平成 30 年》 kionajika さん　いしよしさん　GAMBA さん

動画で学ぶ二級建築士　合格図面の製図法

2023 年 6 月 20 日　第 1 版第 1 刷発行

著　者　神無修二＋最端製図.com

発行者　井口夏実
発行所　株式会社学芸出版社
京都市下京区木津屋橋通西洞院東入
電話 075 - 343 - 0811　〒 600 - 8216
http://www.gakugei-pub.jp/
info@gakugei-pub.jp
編集担当　中木保代・真下享子
営業担当　中川亮平

装　丁　テンテツキ　金子英夫
印　刷　イチダ写真製版
製　本　新生製本


ISBN 978 - 4 - 7615 - 3293 - 2

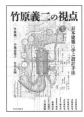